MW00932392

Autodisciplina

Descubre el Poder de la disciplina, para Cambiar de hábitos con La ciencia de la autodisciplina, aumentando la productividad, fuerza de voluntad dejando la procrastinación.

Por

Fabián Goleman

Fabián Goleman

Nacido en New York el 24 de agosto de 1960 en el seno de una familia burgués de origen española. Fabian desde muy joven mostró una vocación artística y una sensibilidad fuera de común. Obtuvo el doctorado de Psicología en Harvard.

Gracias a los consejos de sabiduría, inspiración y amor de Fabian Goleman, muchas personas han podido redescubrir los verdaderos valores de la vida y el optimismo necesario para tener una mayor confianza en sí mismo.

El principal mensaje filosófico de Fabian que nos deja en sus libros, es que toda persona en la tierra es un milagro y debe elegir dirigir su vida con confianza y congruencia con las leyes que gobiernan la abundancia.

...Mi vigor aumentará, mi entusiasmo aumentará, mi deseo de encontrarme con el mundo superará cualquier miedo que conocí al amanecer, y seré más feliz de lo que nunca pensé que podría ser en este mundo de lucha y dolor. F.G.

Si quieres dejar tu opinión y ganarte un cheque regalo Amazon, abre este QR Code a treves de la foto cámara de tu celular o entrando directamente en este enlace:

WWW.FABIANGOLEMAN.COM

Fabián Goleman (@fabiangoleman)

Autodisciplina

Introducción

Son días para reflexionar acerca de nuestras acciones y el por qué no tenemos los resultados que esperamos en la vida. Quizás tu camino ha sido largo y no encuentras respuestas, pero aquí estoy para guiarte y tratar de dar solución a unos de los problemas más frecuentes en el logro de los objetivos.

El mundo que tenemos cuenta con innumerables ejemplos de personalidades que han dado grandes pasos, y para algunos, ha sido cuestión de suerte, y sí, si vemos la suerte como la posibilidad que establece la estadística para conseguir lo que queremos, cederemos el control de nuestra vida dejándoselo a la pequeña posibilidad de la suerte.

La pregunta es ¿cómo puedo lograr que la suerte esté de mi lado? Si basamos la vida en un conjunto de posibilidades, pues lo más recomendable es que comiences a buscar las opciones para poder encontrar lo que todos queremos en la vida: triunfar.

Pero el triunfo tiene sus complejidades y puede ir desde la tranquilidad del hogar, hasta llegar a ser uno de los grandes dirigentes del mundo; o quizás un gran emprendedor que ha dado su vida por obtener la calidad de vida que siempre deseó.

No soy quién para evaluar lo que para ti es una gran meta o no lo es. Lo que sí quiero es que comprendas algo: debes cumplir tú tarea en la vida y tienes que ser feliz.

Pero ¿por qué debes ser feliz?

Ser feliz es lo que nos mueve a conseguir más en la vida, nos mantiene en el camino para lograr lo que deseamos, y es por ello que esas personas consideradas exitosas consiguen más y más, como consecuencia de que emprendieron un camino que es impulsado por el logro de todo lo que se han planteado en la vida.

Parece fácil y sencillo, pero no lo es; todo se trata de mirar al frente y, si caes, volverte a levantar. Si te levantas, debes saber que caerás una vez más, pero tendrás la suficiente fuerza para no rendirte.

Pero si algo han tenido todos los grandes hombres de la historia, de la ciencia, de la política, empresariales y líderes naturales, es esa esencia que los empuja a ser más y más completos, pues no se detienen en ningún momento por un factor que les hace correr y correr sin detenerse: la autodisciplina.

Pero como todo antagonista, la disciplina tiene un enemigo, ese que quizás camina por tu mente y que te impide lograr la máxima plenitud en tu vida. Ese enemigo es silencioso, para algunos es una muestra de que no puedes, para otros, es sencillamente una excusa que presentas para rendirte fácilmente.

Ese enemigo es la procrastinación.

Pero ¿qué es la procrastinación? Pues en la siguiente lectura nos adentraremos en un mundo donde tú y yo vamos a entender lo complejo de esas dos condiciones humanas que pueden dejar en evidencia si tienes la llave que cierra o la llave que abre tu mundo al éxito o a la derrota.

Quisiera comenzar hablando de un líder histórico que siempre me ha llamado la atención, me refiero a Alejandro Magno.

Por ejemplo, Alejandro fue un joven que desde adolescente tuvo como intención tratar de conquistar el mundo conocido hasta ese momento, para poder llenarse de gloria y que su nombre quedase grabado en la historia.

En realidad, no se sabe qué impulsó a ese gran conquistador a lograr todo lo que se propuso en la vida, pero de algo sí estamos seguros: tenía una determinación para lograr lo que quería. De hecho, se dice que su muerte fue parte de esa actitud testaruda, que lo hizo adentrarse a una tierra desconocida y contraer una extraña enfermedad. Bueno, eso es lo que dice parte de la historia, otros dicen que fue envenenado.

Pero con 20 años, Alejandro, con un trono heredado, pudo quedarse en su palacio y disfrutar de la vida. Sin embargo, todos sabemos que no fue así. Decidió armar un gran ejército lo suficientemente fuerte para repeler cualquier reino conocido.

Sus estrategias traspasaron lo logrado, hasta ese momento, por los grandes reyes de la tierra. Pero, Alejandro tuvo un factor muy importante en la vida: una gran enseñanza.

Alejandro Magno fue discípulo del gran pensante Aristóteles, quien imprimió en el joven todo el pensamiento y la disciplina para no dejarse vencer por las circunstancias que podía presentar la vida.

Fue tanto así, que Aristóteles imprimió en Alejandro un proceso de enseñanza gradual de manera que el conocimiento fuese más empírico con la combinación del conocimiento de las artes, la filosofía, entre otros.

Esa enseñanza fue lo suficiente como para que Alejandro quedara como uno de los líderes militares más letales del mundo antiguo.

Parte de Asia, Europa y hasta África, se cuentan como parte de los territorios conquistados, pero el principal logro fue destronar a los persas, quienes, hasta ese momento, eran considerados los dueños de un gran imperio.

Pero no quiero fatigarte con tanta historia, solo que hay un aspecto muy fundamental en la historia del joven Alejandro: tuvo disciplina.

Quizás nos hemos establecido una meta, pero para llegar a ella es necesario trascender, es decir, avanzar con pequeños objetivos que irán complementando nuestro bosquejo hacia lo que queremos.

A ver, siempre lo recuerdo entre mis amigos en conversaciones. Una meta es una larga escala, empinada, y a medida que vamos adelante, se hace mucho más fuerte. Pareciera que nunca llegamos, pero el objetivo está al frente, no puedes detenerte, ella te llevará a dónde quieres.

Puede ser tu hogar, el empleo, una reunión social, alguna compra, pero debes avanzar escalón por escalón. La vida se ha hecho tan moderna que, para algunos, subir unas escaleras es parte del pasado.

Solo avanzamos en ascensores o escaleras mecánicas. Pero el éxito no llega así; o por lo menos es efímero, cuando sabes que cada nivel te lleva a una mejor condición en tu vida, en tu trabajo, en tu hogar y en tu círculo social, entonces determinas en tu mente que seguirás avanzando.

Digamos que la vida es un continuo entrenamiento para lograr una meta. De hecho, grandes atletas del mundo entero dedican gran parte de su vida para reunirse cada cuatro años y mostrar al mundo entero el resultado de su entrenamiento.

Uno de los grandes atletas de la historia es Usain Bolt. Este chico de Jamaica ha logrado romper todos los récords en velocidad y relevo, convirtiéndolo en un gran deportista; es tan famoso que está a la par de los grandes del fútbol, el baloncesto o el tenis, y eso se debe a un ciclo que comenzó cuando era muy joven.

Cuando Bolt apareció en el mundo de la velocidad no era nadie, era tan solo un chico de 15 años, pero estaba concentrado en lograr su gran objetivo: cumplir el ciclo olímpico y conseguir una medalla de oro para su querida Jamaica. Su crecimiento fue acelerado, en base a tenacidad y pudor. Lamentablemente, una lesión en los Juegos de Olímpicos de Atenas le impidió el logro.

Sin embargo, eso no lo desanimó y se preparó para el ciclo, llegando a poner números importantes, muchos récords y conseguir su medalla de oro en los Juegos de Pekín. En total fueron tres medallas más, y su nombre quedó grabado en la historia, pues sus logros en los siguientes juegos han sido la atracción en el atletismo.

Luego, algo evolucionó en Bolt, más allá de su talento, fue la capacidad de mostrarse seguro. Pero, además, tener una meta fija, y durante ese trayecto tener la disciplina suficiente para no olvidar su camino.

Pekín, Londres y Río de Janeiro son solo algunos de los escenarios donde el nombre de Usain Bolt deslumbró al mundo. Pero qué sencillo es decirlo, cuando pasas cuatro años de tu vida esperando un logro que transcurre en menos de 10 segundos. A esto, es lo que llamo constancia.

Usain Bolt dijo en una ocasión "Cuando era niño soñaba, pero dejé de soñar y empecé a hacer. Porque es el poder de lo que se realiza lo que permite el logro de los sueños"

Sin duda alguna, los sueños son el inicio, pero emprender un camino es lo complicado, en ambos extremos hay dos factores opuestos: la disciplina y la procrastinación.

Uno te hace entender que es necesario transitar un camino para llegar; otro te doblega y te adormece haciéndote entender que siempre hay un mañana, así que todo lo dejas para después.

Quizás tú tienes un talento, una capacidad y el poder para realizar lo que te plantees en la vida, pero si nunca lo haces, pues no podrás saber hasta dónde eres capaz de llegar en la vida.

La clave de muchas personas en esta vida, sencillamente es actuar, ejecutar, hacerlo.

Es posible que en algún momento de la vida te hayas encontrado con alguien que le ha favorecido el éxito, y seguro dices en tu mente: "Yo puedo hacerlo tan igual o mejor que él".

Pero qué hace la diferencia, si te encuentras entre los espectadores contemplando el éxito de otros, y en el centro de la escena están esas personas que han vencido casi todo para definir su destino.

Pues es sencillo, ellos lo hicieron y tú sigues pensando en hacerlo.

No sabemos hasta donde somos capaces de llegar si no tenemos la voluntad de comenzar. Pero, sobre todo, tener constancia. Eso nace cuando has establecido en tu vida una disciplina fuerte como la roca, y logras vencer los fantasmas que hay en tu mente que te impiden llegar a lo que te has planteado en la vida.

Muchas personas dedican parte de su vida en lecturas del horóscopo, en cualquiera de sus versiones, y piensan que su destino está fijado bajo el concepto de las estrellas. Respeto las creencias de cada uno, pero es la tenacidad que hay en tu corazón lo que permitirá que seas alguien distinto.

No te conformes con ser alguien más; debes tener la ambición de crecer, haciendo los sacrificios necesarios en la medida que sea posible para que esos sueños que hay en tu corazón puedan ser transformados en éxitos, como una clara evidencia de que todo depende del esfuerzo que hagas para lograrlo.

No quiero caer en reiterados ejemplos del mundo empresarial, pero de seguro hemos escuchado de los grandes ricos del mundo diciendo que todo depende de ti.

Y claro que es así. Si tienes una oportunidad aprovéchala. Si hay un logro frente de ti, alcánzalo. Si hay algo por conquistar, pues no lo pienses más y ve por el triunfo.

Me encantan las historias de superación, y cómo las personas con disciplina han vencido la frase de "yo no puedo". Todos coinciden en algo: son capaces de armar un plan que les ha permitido gozar de las mieles del triunfo, para convertirse en luces en un mundo que parece sumergido en la oscuridad.

Jim Abbott es un pitcher norteamericano que con 22 años llegó a las grandes ligas, convirtiéndose en uno de los lanzadores más sólidos de su época, y hasta lograr lanzar un no hit no run con los Yankees.

Toda una proeza que han logrado pocos jugadores en la historia de las Grandes Ligas. Pero, ¿qué distinguió a Jim del resto de compañeros en el complejo mundo del béisbol?

Pues le faltaba una mano. Sí, era un pitcher al que le faltaba una de sus extremidades debido a una limitación congénita.

Físicamente era imposible, pues siendo pitcher debía lanzar con una mano y usar el guante con la otra. Pero para Jim eso no fue un problema.

Con un mecanismo bastante complejo lanzaba, y con parte de su brazo sostenía el guante.

Al ejecutar el lanzamiento rápidamente se ponía el guante en la mano con la cual había lanzado. Era una ejecución perfecta y continua, pero imagina hacerlo unas 90 veces en cada partido. Eso era una gran proeza.

Además de eso, cuando le tocó batear, lo hacía con una mano, algo más complicado aún. Abbott, hoy día, es ejemplo entre los jugadores que se preparan y aspiran llegar a las grandes ligas.

Para tener una idea, Abbott logró estar en grandes ligas 10 años, conseguir números buenos al inicio de su carrera, y logró escalar entre el sistema de granjas en las menores, compuesto por unos 6.000 jugadores.

Jim es una muestra que en la vida es posible llegar a nuestro objetivo, cuando nos proponemos con esfuerzo y disciplina las metas que nos hemos planteado. Si en tu mente tienes claro eso, mereces una oportunidad para demostrar todo lo que eres capaz de realizar.

Es hora de demostrar tu capacidad al máximo, pero depende en gran medida de la disciplina que tengas para enfrentarlo todo.

Capítulo 1: ¿Qué es la procrastinación?

Como ya hemos visto antes, existen grandes personajes que se han destacado en la historia por su tenacidad y, sobre todo, por la autodisciplina para lograr lo que se han propuesto en la vida.

Pero la autodisciplina, como uno de los valores más complejos de adquirir y cultivar, tiene su antítesis que echa por tierra todo el talento o la calidad de cada persona. Nos referimos a la procrastinación.

Es un término que para muchos es desconocido, pero representa un enemigo silencioso en muchas vidas, en diferentes etapas y a través de la historia.

La procrastinación es una palabra que proviene del latín procrastinare; pro se refiere a adelante y crastinus referente al futuro. En conjunto, infiere el acto de postergar o el hábito de retrasar.

Hasta aquí vamos bien. Pero, antes, debe entenderse que no todo es procrastinación, pues hay cosas que sencillamente deben postergarse como una necesidad. Podría volverse hasta una consecuencia de alguna patología mental cuando se convierte en un hábito en la vida de las personas, por lo tanto, es un objeto de estudio bastante amplio.

Desde hace siglos los psicólogos tenían la duda sobre la procrastinación como una acción intencionada o como una manifestación que a veces resulta incontrolable para el individuo. Desde ese punto, entonces, dejar las cosas para otro día, tiene una razón evidente que nace en la mente.

Quizás para muchos, la procrastinación es la manifestación de la irresponsabilidad, pero en algunos individuos alcanza un nivel de hábito que se convierte en un perfil irracional en algunas ocasiones.

Para algunos especialistas, la procrastinación puede subyacer del hecho de una fobia, un estado depresivo, como síntoma de la ansiedad, entre otros factores.

Quizá hay algunos que han creado el hábito de dejar todo para mañana debido al desorden que hay en su vida profesional, personal o social.

Para otros es una respuesta ante un hecho que no queremos afrontar, como parte de la inseguridad por enfrentar algo inevitable.

Para otros, cuando hay una tarea asignada con un nivel alto de presión, termina en afectar la conducta de la persona al punto de dejar lo más importante para después, por atender asuntos menos importantes primero.

Es muy frecuente observar a muchos jóvenes que dejan de hacer sus responsabilidades académicas por ir a jugar un partido, compartir con los amigos o, sencillamente, distraerse en gran medida con el celular. Siendo esto último muy frecuente en la sociedad actual.

Otro aspecto digno de analizar es saber si la procrastinación aparece solo en casos particulares, pues podría darse solo en algunos contextos o en presencia de un grupo de personas. Por otro lado, es objeto de discusión si una persona tiene mejor rendimiento teniendo una "supervisión" o dejándolo "libre" en el cumplimiento de sus responsabilidades.

Para los que trabajan desde su casa es muy frecuente observar lo tedioso que resulta vencer todas las distracciones en el hogar, por ello, muchos trabajadores autónomos prefieren establecer una oficina fuera de su hogar para poder mecanizar las tareas a cumplir.

Por otro lado, hay un caso diferente que es posible que te sea muy familiar: dejar de ir al dentista por el miedo al dolor. Aun cuando es necesario ir a recibir la atención requerida, te resistes cada día por el temor que hay en ti.

Quizás es un ejemplo muy cotidiano, pero a lo mejor eres del tipo de persona que adquiere otras responsabilidades para evadir algo que estás posponiendo desde hace tiempo.

En algunas ocasiones, las personas suman nuevas tareas para no afrontar algo que no les gusta mucho; por ejemplo, algunas madres prefieren trabajar ante el temor de saber que si no trabajan deben asumir todos los oficios del hogar; de hecho, hay mujeres que prefieren el ambiente laboral antes que el hogareño, lo cual resulta muy común al día de hoy.

También está el otro extremo. Hay hombres que hacen lo necesario en el hogar para no enfrentar la responsabilidad de ser la cabeza de la familia y, por lo tanto, deben buscar trabajo.

Como verás, a la luz de los últimos ejemplos, seguro has pasado por algún episodio de procrastinación que ha impedido que puedas explorar un avance en tu vida.

Siempre hay solución para todo, pero hay rutas que deben ser caminadas para poder emprender los cambios necesarios y el crecimiento personal requerido para llegar a ser lo que queremos "ser".

Querer ser no es suficiente, se necesita hacer. Pero en el recorrido de esos logros la procrastinación nos puede hacer vivir un momento en la postergación de lo que es prioritario.

Lo más importante, dentro de todo, es conocer cuáles son las prioridades en tu vida. Al saberlo, podrás tener una libre organización de los objetivos y, además, te permitirá planificar, lo que te impulsará a optimizar tu tiempo.

Hay varios aspectos que te permitirán identificar si eres o no un procrastinador:

A. **Falta de Visión**: al no tener claro lo que quieres en tu futuro, generarás ciertos vacíos en tu vida y, ante la carencia de metas, se dará cabida a la autojustificación para no cumplir con lo establecido en el trabajo, en tu hogar, o quizás en algún emprendimiento. "Para qué hacerlo, si así estoy bien".
De hecho, muchas personas tienen un buen plan, pero nunca lo comienzan. Ese retraso se hace costumbre en cada una de las facetas de la vida y, al final de todo, cuando hacen una evaluación, no han logrado nada.
Por eso, para vencer la procrastinación no hay nada mejor que comenzar.

B. **Falta de Tiempo**: es posible que poseas un trabajo que te mantiene agobiado y quieras hacer algo propio, ser tu jefe; tienes el talento, también los recursos, pero cada que quieres comenzar, el principal argumento de no hacerlo es el tiempo. En ese sentido es la procrastinación la que afecta tu orden diario y te hace creer, por así decirlo, que no tienes el tiempo para comenzar mañana, o sencillamente, te hace pensar que "siempre hay tiempo para todo".

C. Por otro lado, está la **Falta de Organización**: es uno de los aspectos que permite identificar que eres un procrastinador, ya que nunca ordenas o planificas las cosas para que así puedas establecer un logro o alguna meta. A lo mejor necesitas un ingreso extra, o ponerte en forma, ir al médico o visitar a un familiar, pero debido a tu poca organización es imposible agendar ese aspecto tan necesario en tu vida. Conocí el caso de un amigo muy cercano, gran trabajador, pero que vivía obsesionado con sus responsabilidades laborales. En reiteradas ocasiones sus padres le llamaron para saber de él, y le dijeron que hiciera lo posible para que le visitaran, era su único hijo y querían compartir con él.

Se sentían orgullosos de todos sus logros, pero era algo distante de ellos. Él siempre decía que sacaría tiempo para visitarlos.

Un día recibió una llamada, era su madre informándole sobre la muerte de su padre. En ese instante dejó todo en el trabajo para estar en el entierro. Lamentablemente no tuvo tiempo para despedirse.

Pero lo irónico de todo, es que en ese instante entendió que nada importaba más en la vida que estar al lado de su madre en un momento tan doloroso.

Quizás era tarde, pero se vio obligado a cumplir con su amada progenitora.

D. ¿No te has dado cuenta que cuando te propones hacer algo, sencillamente **te sientes cansado** y no tienes fuerza, pues has tenido un largo día? Mientras tanto, ordenar esos archivos, hacerle servicio al auto, realizar el trabajo pendiente de ese viejo cliente y entre otros aspectos, poco a poco van quedando en un segundo plano.

Si es un cliente, pierdes credibilidad; si eres un empleado, te conviertes en prescindible; si eres padre, tus hijos ya no quieren pasar tiempo contigo; si eres un paciente, quizás sea tarde cuando apliques un tratamiento.

Es así, y cuando menos te des cuenta, ya es tarde. Y sí, si el tiempo es tu excusa perfecta para no asumir una

responsabilidad, entonces eres parte del club de los procrastinadores. Bien podría ser algún elemento que está afectando tu rendimiento, o sencillamente, tu mente tiene una predisposición que se transforma en una limitante, y es el cansancio.

E. Otro de los elementos que son fáciles de identificar es que tenemos **miedo frente a algo**, y ese temor en nuestros corazones nos impide tomar el rumbo para hacer algo importante en la vida. Poco a poco vamos aplazando todo para quedar arrastrados por un círculo vicioso que nos limita más y más.

Entonces, ese miedo no permite consumar tus anhelos, expresar tus sentimientos o asumir unas posturas más serias en el trabajo, por solo mencionar algunos aspectos que serían fundamentales para que logres lo que te propones.

El miedo te envuelve y te hace esclavo y prisionero de una oscuridad que ciega tu inteligencia, tus fuerzas, tu ímpetu y tus ganas de seguir adelante.

Además, lo que en un principio es solo miedo en el trabajo, poco a poco puede invadir cada aspecto de tu vida, hasta convertirte en un fracaso rotundo.

F. Cuando no queremos hacer algo y lo dejamos para mañana, entonces surge otro factor determinante: **todo nos distrae**.

En un mundo donde tienes a la mano internet, un celular, y hasta videojuegos de bolsillo, cualquier cosa nos puede sacar de la ruta establecida.

A veces no entendemos cómo el tiempo no nos alcanza en el día, pero si mides cada una de las actividades que realizas y que no son importantes, entonces entiendes que hay un déficit de horas/rendimiento que es imposible de compensar si no tomas decisiones.

Hay trabajadores que pasan todo el día jugando a las cartas en el computador, o se pasean por varias oficinas buscando conversaciones innecesarias.

En el caso de los estudiantes, muchos viven pegados a las redes sociales; con excusas tan sencillas ante el profesor como: No tuve tiempo profesor, pero por otro lado todo el mundo observa que realizabas un "live" en el tiempo en el que pudiste adelantar tus tareas.

Por otro lado, hay personas que se distraen con cualquier cosa, y nunca terminan con lo que es necesario, pues se desvían del plan.

G. **Sentirse incapaz de hacer algo** es otro elemento que puede afectar el rendimiento diario, puesto que muchos creen que no pueden con una tarea o no son capaces de tomar una decisión.

Eso va acompañado del miedo que tenemos, pero, muy en el fondo, es una actitud que evidencia que hay procrastinación.

A veces nos sentimos sobrepasados o sobrevalorados en algo, al punto que dudamos que podamos realizar algo en particular. No olvides que lo más importante en la vida es sentirse seguro.

Cuando hay seguridad en nuestras vidas somos capaces de vencer los más grandes obstáculos.

Algo muy importante es tener seguridad de quién eres y de lo que eres capaz de hacer, pero por encima de todo "Solo Hazlo".

Comienza por hacer algo. Hay diversas técnicas y formas de vencer éste severo hábito, pero solo depende de ti. Nadie más será responsable de vencer el mal hábito de postergar todo en tu vida, que tú mismo.

Como verás, es sencillo identificar si eres un procrastinador, pues estás acostumbrado a dejar todo para después y en ese proceso se pierde mucho tiempo. Cuando menos te des cuenta, ya será demasiado tarde.

Es lamentable, que a veces, cuando nos damos cuenta, hemos dejado muchas cosas para última hora, sin entrar en el nivel de conciencia necesario para determinar que es el momento de hacer lo que tenemos que hacer.

Hay momentos en la vida donde tienes que hacer un "alto" para verificar lo que sucede; ya que no se dan los resultados y hasta el momento sigues estancado.

Una de las causas más frecuentes es que sencillamente no tienes una hoja de control de las cosas que tienes que hacer... para hacerlas.

Son dos aspectos distintos. Lo que sabes que tienes que hacer se refiere al nivel de conciencia en donde determinas lo necesario para lograr una meta.

Pero, hacer las cosas, es otro nivel que requiere un nivel de concentración especial. Es como dice un refrán "del dicho al hecho hay mucho trecho" y sí, en muchas ocasiones planteamos un plan, pero ejecutarlo queda en un segundo plano.

Ese proceso de dilatar la acción de las cosas, de postergar continuamente, de no hacer las tareas en el momento adecuado, de evadir las responsabilidades y excusarse cada vez que no haces algo; a todo ello, se le denomina "procrastinación".

Lo que sí queda claro es que la procrastinación es un síntoma, una consecuencia de algo encerrado en nuestras mentes, y que puede ser el resultado de un trauma o alguna desviación que bien tendría un origen variado.

En este camino que vamos a compartir juntos, quiero que entiendas un poco de las consecuencias y de cómo lograr vencer la procrastinación en tu vida.

El primer paso para vencer la procrastinación es reconocer que la tienes. Sí, así como un vicio, y eso está más que claro, pues ya se ha hecho tan habitual en nosotros que lo vemos como una actitud normal, pero que realmente nos viene trayendo consecuencias negativas en la vida.

Capítulo: 2 Motivos de la procrastinación

Muchos estudios han basado su centro de atención en las causas de la procrastinación y en si constituye un trastorno mental o no, pero todos coinciden en que puede ser un síntoma que deviene de una alternación física o psicológica.

Por lo tanto, es necesario determinar cuáles son los aspectos que bien podrían ser la causa para que una persona se convierta en un procrastinador.

En ese sentido, compartiremos algunas experiencias que evidencian que eres un procrastinador crónico.

Un estudio en España concluyó que cerca de un 20% de la población manifiesta la procrastinación, pero además aseveraron que todos podemos procrastinar, pero no todos son procrastinadores. ¿Cómo es eso posible?

La diferencia es que, con la primera, en algún momento de nuestra vida hemos creado la postergación de alguna actividad o compromiso, ya sea por no darle la debida importancia o simplemente no fue intencional.

En cambio, hay individuos que tienen en su vida el hábito de dejar todo para última hora.

Hoy en día, se habla en el campo laboral de las personas que manifiestan el síndrome del estudiante, que no es más que el mal hábito de dejar todo para última hora.

Algunos especialistas exponen que dicha conducta obedece a una continua actitud en evadir las responsabilidades sin repercusión alguna. Por lo tanto, es una posición que deja a quien es procrastinador, como un sujeto sin organización en sus prioridades.

En muchas ocasiones dejamos de cumplir ante:

Las tareas cotidianas: desde dejar de lavar los platos, hasta no lavar la ropa, es una forma muy clara de procrastinación. Las personas que viven solas caen en un círculo vicioso que no deja de girar, y que, en el acumulado de los días, genera un desorden completo.

¿No te suenan familiar expresiones como "tengo mucha ropa sucia, pero mejor lavo mañana"? ¿"¿Debo limpiar el jardín, pero lo dejo para otro día"? "¿El auto está consumiendo mucho combustible, pero voy al taller la semana entrante"?

En cada una de esas objeciones siempre buscaremos una excusa que justifique. Pero, ¿para qué justificar cuando, por ejemplo, vivimos solos? Nadie va a recriminar lo que haces o dejas de hacer. Es sencillo: la necesidad constante de tener una aprobación es importante, así sea la propia.

Pueden existir muchos motivos para no hacer lo que corresponde, pero existen algunas motivaciones que son muy usuales. Ahora, te diré algunas de ellas, y las posibles consecuencias:

Aburrirse

Quizás es una de las más comunes entre los niños y jóvenes que cumplen un ciclo académico y, como consecuencia, bajan las calificaciones y se ponen en riesgo los años de estudios y tantos sacrificios hechos para llegar a donde está.

En algunos casos, el aburrirse puede tener su causal en el bajo nivel de motivación que imprime el docente, así como tampoco existe una razón existencial para que el estudiante se rete a mejorar.

Muchos padres no ofrecen esos espacios de conversación con los hijos, en donde les enseñen el valor de la educación y, sobre todo, a siempre luchar por ser una mejor versión de sí mismos.

Sin llegar a niveles exagerados, si desde niños nos enseñan que tener buenas calificaciones es muestra de esfuerzo y sacrificio, el rendimiento será mucho mejor.

Pero ahora, ¿qué sucede cuando el niño es muy inteligente, pero lo que le enseñan no es lo suficientemente alentador? Sencillo, se aburre.

Es necesario que el sistema educativo eleve la calidad en el proceso de enseñanza mediante técnicas dinámicas, para que se eleve el nivel de compromiso.

Pero, el aburrirse no solo se limita a la educación, pues también hay excelentes trabajadores que han perdido esas ganas de seguir adelante, y nada de lo que hagan en el trabajo les dará esa motivación para cumplir con las metas diarias o semanales de producción.

Buscar tareas más simples o de mayor motivación

Sin duda, cuando tenemos un hábito de procrastinación, está la clásica actitud de buscar otras actividades que devenguen menos complicaciones, para así dar paso a una acumulación de tareas que son más importantes.

Es así como entendemos que la procrastinación no es solo dejar de hacer las cosas; de hecho, vemos personas que son muy laboriosas, pero no tienen la seguridad ni la fortaleza mental para afrontar una tarea que no puede postergarse.

Es decir, ¿Hay gente ocupada que es procrastinadora?

Pues la respuesta es sí. Por ejemplo, una persona que es ama de casa pasa el día cocinando, limpiando los cuartos, los baños, regando las plantas, lavando ropa, entre otras labores; pero siempre deja para "mañana" arreglar el garaje.

Aun cuando signifique menos labores que otras acciones, para ella no resulta importante dedicarle tiempo al garaje. Allí se refleja que no se trata de una cuestión de "vagancia" sino que se posterga algo que bien pudiera ser importante.

Otro ejemplo muy familiar es el de aquellos trabajadores que dejan para el siguiente día el chequeo médico laboral o la consulta mensual con la orientadora. O la entrevista con el Jefe de Recursos Humanos para pedir cierta mejora.

Son aspectos muy cotidianos, pero que poco a poco van creando en nosotros el mal hábito de dejar los compromisos para otro día.

Claro, siempre existe la posibilidad de que muchos no hagan sus deberes por simple pereza. Así de sencillo. Sobre todo, en los jovencitos, o algunas personas que viven solas o son solteros, porque dedicarle tiempo a ordenar su hogar puede resultar en algo que puede hacerse al día siguiente.

No me gusta lo que hago

De seguro te has encontrado con actividades que sencillamente no te motivan, ya sea en los estudios, en el trabajo o en el entorno social.

Hay personas que se encuentran en el lugar menos adecuado, sienten que están fuera de lugar, como desencajados; y en ese tipo de situaciones hay personas que frecuentemente tendrán una reducción en sus deberes o en sus compromisos.

Es así como una joven que estudia educación, pero en el fondo sabe que está cursando una carrera que no le gusta, al final de cuentas, estará reprimida, pues hace algo que realmente no la motiva.

La sociedad no puede imponernos lo que no queremos, y en muchos casos, hay personas que terminan recorriendo un camino que no es el suyo, que no le gusta y que no le agrada, pero la presión social terminó influyendo en sus decisiones.

María, Carla y Andreina eran tres amigas, prontas a terminar sus estudios de bachillerato, estaban en el momento cumbre de elegir la carrera profesional y, por lo tanto, a la universidad a la cual ingresarían.

Tanto María como Carla eran excelentes exponiendo temas, con el talento suficiente para estudiar educación; en muchas ocasiones conversaban acerca de lo bien que resultaba enseñar, pero Andreina no tenía muy claro lo que quería estudiar.

Al final, sus amigas influyeron en ella, y se convirtió en una educadora y, aunque no era lo suyo, consiguió un empleo.

Cada día Andreina tenía una actitud poco pedagógica con sus alumnos, al punto en el que las evaluaciones eran muy esporádicas, así como cumplir los objetivos de enseñanza eran postergados día tras día.

Un día tuvo la evaluación de la administración de la institución, el resultado era eminente: no cumplía con su rol como una educadora.

¿La razón? Es sencilla: estaba en un lugar que no le correspondía, no tenía el talento para ello, y tampoco se sentía cómoda con lo que hacía.

Ella postergaba los deberes que tenía como maestra, pero tenía como razón fundamental que era una profesional que ejercía algo que no le gustaba.

En la vida tenemos que decidir en función de lo que nos hace sentir a gusto. De lo contrario, tendrás excusas, no habrá cumplimiento de deberes y, por lo tanto, terminarás en convertirte en un procrastinador.

Presión social: En cierta ocasión, una profesora ejercitó con sus alumnos cómo el individuo ya no tiene el poder en contraposición a la influencia social, al punto en que termina descartando sus ideas para dejarse llevar por la percepción del grupo.

En clase, la profesora les dice a sus alumnos que cuando llegue alguien más a su clase, todos dirán que la carpeta que tiene en su mano es roja, cuando en realidad es verde, para así comprobar la fuerza de decisión del individuo.

Llega otro alumno, de los que siempre suele llegar tarde a clases. Así, la profesora pregunta a varios de qué color es la carpeta, y todos responden: roja.

El alumno que llegó a última hora, observa sorprendido, pues sus ojos están viendo que la carpeta es color verde.

Llegado el turno, la profesora le pregunta a ese alumno: ¿De qué color es la carpeta?

El responde: Es roja profesora.

Todos rieron al unísono al escuchar la respuesta del alumno.

Increíble, pero cierto. Muchos de nosotros respondemos a la presión social o a lo más popular, y eso influye en nuestras decisiones, pues de igual manera es ante nuestros compromisos, que en muchas ocasiones son superados por el grupo para tan solo ser aceptados socialmente.

En muchas ocasiones aplazamos nuestros deberes, nuestras urgencias y nuestras prioridades, por tan solo atender la petición de un grupo social, que, a decir, verdad, en nada ayudará a nuestro progreso. Es tan solo falta de disciplina.

Es tan increíble la influencia social que muchos de nosotros dejamos nuestras responsabilidades para tan solo atender el llamado de un amigo.

Pero en muchas ocasiones esa influencia social tan solo es una excusa para evadir algo muy importante que tenemos que hacer.

Hasta aquí vamos entendiendo que un procrastinador no es necesariamente un holgazán, también hay que dejar claro que evadir una responsabilidad innecesaria o banal tampoco es señal de procrastinación.

Es decir, dejar de comer un helado no infiere que seas una persona procrastinadora.

Pero, evadir la petición de tu hijo de ir juntos a comer un helado, pues sí es una señal de que eres un procrastinador.

No saber resolver una situación

En ciertas ocasiones uno de los principales motivos que puede impulsarte a ser procrastinador es que tienes temor o miedo al fracaso.

En reiteradas ocasiones escuchamos la expresión "es un mecanismo de defensa". No hay nada más cierto. Los seres humanos buscamos la manera de proteger nuestra integridad o evitar exponernos ante una situación en particular.

Esto se debe a que sencillamente no podemos ejecutar algo y entonces evadimos otra cosa importante por temor.

He escuchado de muchas personas a las que no les gusta ir al médico, esto puede ser un reflejo del temor a escuchar una mala noticia.

Saber que tienes una enfermedad y no saber cómo afrontarás la situación resulta para muchos un gran dilema, tan complejo que prefieren evadirlo.

Otros individuos en su trabajo han evadido una tarea, que en el papel deben saber, pero a la hora de aplicar sus conocimientos resulta muy compleja, por lo que la van dejando para otro día, y para otro, hasta que sencillamente debe abordarse ante la presión de una entrega.

Por otro lado, hay situaciones en las cuáles los jóvenes prefieren evadir responsabilidades antes que reconocer que no saben hacerlo; es parte del orgullo, pero debe ser superado para poder encontrar el rumbo hacia lo que queremos.

Otro aspecto muy importante en la vida es afrontar las emociones, y en tal sentido, de seguro hemos pasado por eso, conocimos algún amigo o amiga que evadió la responsabilidad de terminar con su pareja.

Y en ese deambular de la relación acumulan tantos problemas que ya los sentimientos no son iguales; pero todo ello se debe al temor que genera una ruptura. Sobre todo, por el hecho de hacer daño a alguien que aún se estima, a pesar que ya no se ama.

Quizás sea un caso muy cercano para muchos, pero ¿cuántas veces hemos observado que se aplaza la decisión de hablar sobre la voluntad del divorcio, aunque en la relación, tanto el esposo como la esposa saben que es esa la solución?

Tal vez parezcan casos muy extremos, pero hay una evidente procrastinación, que al final de cuentas afecta nuestra vida en diferentes modos.

No hay seguridad de querer cumplir ese objetivo

Muchos objetivos quedan a un lado como consecuencia de que le perdimos el interés, y eso se debe a que simplemente surgieron como una decisión muy temporal o bajo una influencia, por lo tanto, no tienen un significado especial en nuestras vidas.

Hay un caso que evidencia procrastinación, pero dependiendo de tu estado de salud puede ser algo que afecta o no tu vida.

Me refiero al caso de prorrogar el inicio de un ciclo de visitas al gimnasio.

Contaré la experiencia de un amigo, la verdad no es obeso, pero sí algo pasado de kilos, y dado su trabajo en una oficina, lleva una vida sedentaria. Por lo tanto, ir al gimnasio no es un tema de vida o muerte, pero sí de salud.

"Mañana voy, la otra semana sí, después de las fiestas", y así vamos dejando a un lado la decisión de ejercitar nuestro cuerpo. En esos casos hay un evidente hábito de aplazar nuestras decisiones.

Está el otro extremo: el chico joven que realmente no necesita ir al gimnasio; posee buenas condiciones, es de contextura promedio, y manifiesta extraordinaria condición física.

Para ese joven ir a un gimnasio no es algo muy significativo, aunque puede ser un hábito.

Pero, siguiendo, existen casos en los cuáles el médico ha recomendado visitas constantes como tema inevitable, pues así podrá tener el control de cierta enfermedad, quizás una diabetes o enfermedades del corazón.

Sin duda son situaciones muy diferentes, pero debido a que no están motivados en ir a entrenar, irán postergando la decisión.

En el caso de las personas que deben ir por prescripción médica, es claro que es un procrastinador por dos razones: pierde interés en el objetivo y considera que no necesita ejercicios para tener una buena salud.

Como podemos ver, los procrastinadores están presentes en todas las etapas y facetas de la vida, pues se refiere a decisiones que deben ser ejecutadas, o de lo contrario pueden generar una consecuencia en la persona.

Cuando alguien oculta la realidad a la hora de evadir una decisión, nunca podrá vencer el enemigo silencioso que lleva por dentro.

En línea general no puedes olvidar que la procrastinación no es una enfermedad o un trastorno, sino que es, en sí, la consecuencia de algo. Detrás de cada decisión postergada, consciente o no, hay algo que nos impide ordenar nuestra vida para alcanzar ese paso que debemos dar.
Otro caso de pérdida del interés es cuando decides pintar tu casa.

El primer día entras con toda la motivación; compras los materiales y decides iniciar. "Una pared, que linda se ve."

El segundo día, pues ya es media pared.

Pero al tercer día, ya no hay ganas de pintar. Lo harás mañana, lo harás la semana siguiente, quizás este año.

Muchos de nosotros nos establecemos objetivos que, con el tiempo, y a veces en cuestión de horas, simplemente ya no nos importan.

Eso sí es grave, pues planificamos en función de algo que no llegará. De hecho, una autorreflexión te haría entender que no lo podrás hacer.

Y lo grave no está en negar el hecho de que "no tengo la voluntad para pintar mi casa", es serio cuando esa actitud la demuestras en tu trabajo y terminas quedando mal por no analizar bien lo que piensas hacer.

De hecho, en el mismo ámbito laboral, muchas personas acumulan una serie de responsabilidades y al final del camino, quedan mal con todos, pues no están bien organizados con el trabajo diario.

Es muy nocivo para tu salud mental, y para tu ambiente laboral, el acumular muchas responsabilidades. A veces, decir NO te puede evitar graves consecuencias.

Y este punto nos lleva al siguiente.

Mala Organización

Sin duda, no hay algo más nocivo que tener una mala organización, un dato importante es que un 95% de las personas tienen la tendencia a ser procrastinadores. ¡Increíble, ¿no?!

Sí, muchos de nosotros tenemos una buena iniciativa y una gran responsabilidad, pero hemos decidido quedarnos sentados, acostados, hacer otra actividad, o sencillamente no hacer nada.

Pero en muchas ocasiones, a veces somos procrastinadores sin querer serlo, y eso se debe a que planificamos muy mal, y siempre hay algo que dejamos por fuera, o sencillamente lo olvidamos.

Claro, en ese caso hay una combinación de varias causas, tales como la pérdida del interés o el miedo a realizar esa actividad. Entonces debes hacer un plan que te permita dedicarte solo a cumplir con esa tarea o compromiso establecido.

Quizás organizarnos es una de las tareas más complicadas en nuestra vida, muy pocos tienen la capacidad de organizarse y debe ser por eso que son pocos los que pueden decir que tienen una vida exitosa.

La clave de los grandes ejemplos de emprendimiento o éxito laboral, parte de la base de una excelente planificación.

No podemos adentrarnos en algo si no tenemos un plan. Un plan es organizarse, e infiere el cumplimiento de pequeños objetivos para llegar a uno más grande.

Los pasos deben ser medidos hasta concretar lo que quieres en tu vida.

Es complicado asumir que muchas personas nunca son lo que quieren ser en la vida porque no tienen una planificación. La planificación es sinónimo de disciplina y, esta, la verdad no la tienen todos. Sin embargo, es algo que se puede entrenar.

Es el momento de organizar tu vida y marcar la diferencia, porque ser distinto depende de ti mismo.

Y para ello, es hora de vencer la procrastinación como elemento nocivo en nuestras vidas.

Uno de los casos más cotidianos de mala planificación es el pago de los servicios públicos.

Tienes el dinero, pero evades constantemente pagar el recibo correspondiente, aun así, cuando tienes el acceso a pagar online. Pero hay personas tan proclives a dejar todo para última hora, que a veces, solo una multa o una cesación del servicio es lo único que los haría entrar en razón.

Es familiar la expresión "mañana pago", "lo haré después". Pero, cuando se cruza la fecha de pago con otras obligaciones, entonces, ya no podrás hacerlo.

Planificar es justamente eso, ordenar el tiempo y asignar tareas en esos espacios. Y si no tienes nada para hacer en un tiempo, ese es precisamente el espacio indicado para el descanso.

Descanso Excesivo

Para algunas personas, el descansar suele ser muy beneficioso, pues luego del mismo, arrancan con una energía y una vitalidad envidiable. Pero, hay personas que luego de un descanso, solo les provoca descansar más, y van perdiendo la motivación. Es por ello que deben provocar una acción que encienda la chispa necesaria.

A algunos les da por caminar, a otros por comer algún antojo, pero otros requieren de algo más que les motive a retomar el rumbo.

Algunos, al regresar de unas merecidas vacaciones, entran en la depresión postvacacional, lo cual genera una acumulación de tareas, pues se niegan a asumir que es necesario cumplir con los deberes.

Pero, además, esa actitud se lleva al hogar y eso hace muy complicado poder realizar las labores que surgen ahí.

No puedes permitir que la pesadumbre en tu vida te evite lograr las metas establecidas en el día o durante la semana. No olvides que el éxito requiere de un esfuerzo y en una cama, acostado, no vas a lograr lo que quieres y ambicionas para tu vida.

Es por ello que podrías observar personas que, al regresar de las vacaciones, han perdido la motivación, quieren cambiar de trabajo, se sienten deprimidos, entre otras características. Y eso se debe a que no han podido adaptarse al nuevo cambio.

Y a pesar que solo fue un mes de vacaciones, es el efecto del descanso y el no querer terminar ese periodo libre de la responsabilidad laboral.

Este síndrome genera en las personas mucho cansancio, mal humor, fatiga, sueño en el trabajo, y falta de sueño a la hora de dormir, entre otros.

Parece irónico que te sientas cansado después de regresar de las vacaciones. Pero suele pasar y es más común de lo que creemos.

Sin embargo, en lugar de pensar en ello y caer en la tentación de procrastinar durante el mes después de las vacaciones, aquí tienes 7 consejos para superar la "depresión" postvacacional y asegurarte de que tus meses a seguir empiecen con buen pie.

1) IDENTIFICA EL PRIMER PASO

La procrastinación se produce por varios motivos, uno de los cuales es no saber por dónde empezar. Al volver después de una pausa relativamente larga, como el periodo estivo, y probablemente con nuevas tareas aún sin realizar, a menudo puede parecer desalentador dar el primer paso hacia la productividad y el progreso.

Para Caroline Webb, colaboradora de Harvard Business Review (HBR), identificar el primer paso que hay que dar es un movimiento inicial vital que hace que las tareas sean manejables. Webb sostiene que:

el truco consiste en dividir las tareas grandes y amorfas en pequeños pasos que no supongan un esfuerzo. Mejor aún: identifique el primer paso más pequeño, algo que sea tan fácil que incluso su cerebro sesgado por el presente pueda ver que los beneficios superan los costes del esfuerzo.

2) PLANIFICAR CON ANTICIPACIÓN

Una vez que hayas dado ese primer paso tan importante, dedicar tiempo a evaluar las exigencias inmediatas de la tarea y a planificar tu tiempo en consecuencia puede ayudarte a vencer la procrastinación y la indecisión futuras cada vez que tengas que trabajar en tu proyecto.

Según el lema de la revista Time, "si llegas a tu mesa de trabajo y no tienes ni idea de por dónde empezar, eso puede llevarte a trabajar en tareas de bajo impacto (como consultar el correo electrónico) o a otras formas peores de procrastinar". Para combatir esto, hacer un plan de acción la noche anterior puede darte el tiempo que necesitas para reflexionar sobre lo que has conseguido hasta ahora, y permitirte ponerte manos a la obra a la mañana siguiente.

3) HAZ UN CRONOGRAMA

Más allá de la planificación con uno o dos días de anticipación, la elaboración de un cronograma de tareas le permite visualizar los objetivos a largo plazo y los puntos que debes alcanzar en el camino.

Esta técnica es una de las favoritas de uno de mis terapistas, y es una habilidad que enseñamos en uno de nuestros talleres. Animamos a los miembros del equipo a que trabajen juntos para crear una línea de tiempo física -literalmente en el suelo- para que luego puedan avanzar en el tiempo y repasar los problemas y los retos a los que se enfrentan por el camino.

Aplicar esta técnica a la planificación de cualquier proyecto puede dar grandes resultados, y merece la pena aprenderla si se es propenso a la procrastinación.

4) ADAPTE SU ENTORNO DE TRABAJO

¿Cuántas veces has oído el consejo de que trabajar en un escritorio estrecho, desordenado y ruidoso en una oficina gris no favorece tu capacidad de concentración o creatividad? Sin embargo, ¿alguna vez lo has puesto en práctica?

Para The Huffington Post, se trata de una herramienta importante en la lucha contra la procrastinación. Se afirma que "incluso si haces todo lo demás bien, trabajar en un entorno equivocado puede hacerte sucumbir a la procrastinación". Alejarse de las distracciones, pero también encontrar el entorno que funciona para ti a nivel personal, puede hacer maravillas para tu concentración y empuje.

5) HAZ UNA HORA DE ENERGÍA

Según Vanessa Loder, colaboradora de Forbes, "hacer una hora de energía" es un truco probado para mejorar los niveles de productividad.

Loder afirma que "una hora de energía consiste en apartar todas las distracciones y trabajar en trozos de tiempo concentrados, seguidos de breves periodos de descanso, con el fin de aprovechar el rendimiento óptimo de tu cerebro y tu cuerpo". Sugiere que si se reconocen los picos y valles naturales de concentración y se aprovechan sus tiempos, se puede maximizar el rendimiento y confinar la ensoñación y las compras online al tiempo de descanso.

6) NO TENGAS MIEDO A EQUIVOCARTE

Al igual que con cualquier proyecto, vencer la procrastinación no es una tarea lineal y permitirse cometer errores y aprender de ellos puede ser un consejo importante a tener en cuenta.

Según Business Insider, "la única manera de superar la procrastinación, es abandonar el perfeccionismo y no preocuparse por los detalles a medida que se avanza". Se sugiere que "recordarse a sí mismo que casi siempre hay otra oportunidad de sobresalir desprestigia el momento", lo que ayuda a superar la parálisis que supone buscar la perfección instantánea.

7) APRENDER A DECIR NO

Aunque puede ser tentador decir que sí a todos los proyectos nuevos y emocionantes que se presentan y ver la multitarea como una oportunidad de demostrar tus diversas habilidades y tu capacidad de gestión del tiempo, aprender a decir que no puede ser una habilidad revolucionaria.

Para el autor y gestor de redes sociales Erik Fisher, "dejar que entren en tu sistema sólo las tareas que sabes que quieres hacer o que son absolutamente necesarias es el primer paso para asegurarte de que no las pospones". Aunque no todo el mundo tiene total libertad para elegir sus tareas en el trabajo, el consejo de Fisher de que hay que fijarse en lo que permite el calendario y otros compromisos antes de lanzarse a una nueva tarea es acertado para personas de todos los niveles profesionales.

Un Bloqueo

¿Te ha pasado que quieres hacer algo, pero no sabes por dónde o cuándo iniciar? Lo peor es que te sucede con una tarea en particular, y no conoces el por qué.

Pues si ese es el caso, entonces tu procrastinación puede ser por un bloqueo emocional o mental.

Hay actividades que nos cuesta iniciar por alguna razón determinada, que bien pudieras hasta ignorar.

Si es así, entonces debes buscar el mejor momento para realizar esa actividad. Lo más recomendable es que busques el horario cuando te sientes en mejores condiciones, para así dedicar toda esa motivación en vencer esa pared que tienes al frente y que se hace complicada de superar.

He conocido algunas personas a las que se les hace imposible realizar una actividad como consecuencia de un bloqueo.

Es por ello que lo más importante es ubicar el centro creativo de las personas y recrear las condiciones para que, así, te sientas inspirado a mejorar la percepción de lo que te rodea. A veces, esos bloqueos se deben a miedos internos o a alguna depresión que interfiere en nuestro rendimiento laboral.

Muchos niños se bloquean por miedo y, por no tener la manera de expresar lo que están sintiendo, terminan por experimentar un decrecimiento en su rendimiento escolar.

Pueden conversar con los maestros o con los alumnos, pero no saben las razones por las cuáles el estudiante ya no es el mismo, pues hay un bloqueo causado por el miedo. Algo en la institución le hace recordar una muy mala experiencia, entonces su mente genera un miedo tan severo que se le hace imposible cumplir con sus deberes escolares.

Pero ¡atentos! No solo aplica a personas en edad escolar, sino que también puede presentarse en los adultos cuando tienen viejos traumas. En ese caso, es fundamental asistir a la orientadora de la empresa o a algún psicólogo, para conversar acerca de "ese algo" que te impide explotar tu potencial.

En muchas ocasiones ese bloqueo se debe a preocupaciones internas dentro del ámbito laboral o académico. Por lo tanto, es necesario dejar todo en orden para dar paso libre a lo que tienes como responsabilidad.

En muchas ocasiones la persona se estanca en sus labores, dejando tareas indispensables para otro día, debido también a que se siente disconforme con el sueldo que gana.

Y, es probable, que esa sea una razón muy sólida para muchos empleados se terminen escudando en la expresión "para lo que me pagan"

Pero, la verdad es que tienes dos opciones: o haces tus labores y pides un aumento, o sencillamente buscas otro empleo.

Esto lo digo con la mayor responsabilidad y respeto que mereces: no es "sano" mantener un ambiente laboral tan tenso.

Pero, cada día dejas esa responsabilidad para después, y cuando menos lo pienses, alguien lo hará por ti, y si así sucede, debes preocuparte, pues ya te has dado cuenta que eres prescindible en el sitio donde laboras.

Un punto muy importante es que todo lo que te propongas hacer en la vida debes hacerlo de buena intención, para que las cosas salgan bien hechas.

Cuando tienes una actitud acorde a las expectativas, poco a poco irás armando ese gran plan para tu vida.

Sin embargo, cuando vas postergando tus responsabilidades es como cuando acumulas objetos viejos en un closet... llegará el momento en el que ya no habrá espacio y estallará.

Así es nuestra vida, cuando acumulamos metas, responsabilidades o tareas, llega un momento en el que es tanto lo que hemos postergado que, sencillamente, arruinamos nuestros planes. Es por ello que la procrastinación es un enemigo peligroso para nuestro desarrollo.

Capítulo 3: ¿Por qué la disciplina, tarde o temprano, vencerá a la inteligencia?

"Como algunos de ustedes conocerán, está es la historia del incesable viaje de Steven Spielberg. Una persona determinada a vencer y lograr su propósito.

Steven Spielberg es una fantástica historia de motivación. He aquí por qué, Spielberg fue rechazado de la escuela de cine USC tres veces. Pero eso no lo detuvo, en su lugar, simplemente intentó una escuela diferente. Aplicó a Cal State, Long Beach, y entró en su programa de cine. Y mientras estudiaba en Cal State, consiguió una pequeña parte no remuneradas en los estudios Universal. Fue un trabajo fortuito que pronto le llevó a abandonar los estudios. Fue un movimiento calculado que le permitiría relacionarse con los directores de cine de los Estudios Universal para acortar el camino hacia la realización de su sueño.

Desgraciadamente, su pequeña pare no duro lo suficiente como para entrar en el mundo del cine como había planeado. Pero, sin desanimarse, Steven seguía colándose en los estudios, fingiendo que trabajaba allí para poder aprender más sobre el cine hasta que pudiera conseguir su oportunidad.

Cuenta la leyenda que tenía una película de 8 mm que sabía que a los ejecutivos de los estudios les encantaría si la vieran. Una película que, para terminarla, se necesitaron 2 años. Encontró la manera de hacerla llegar a las manos de los ejecutivos, pero le dieron la espalda y le dijeron que sólo la verían si la rodaba en una película de 16 mm. Así que Steven alquiló una cámara de 16 mm y volvió a rodar toda la película. Cuando la llevó a los ejecutivos, le dijeron que no volviera hasta que estuviera en una película de 35 mm. Sin dejarse intimidar, pasó por el aro y volvió a rodar la película en 35 mm.

Finalmente, los ejecutivos decidieron ceder y le dieron una oportunidad a su película. Y bueno, el resto es historia. La película ganó un premio en el festival de cine de Atlanta y ayudó a Steven a conseguir un contrato de 7 años para dirigir películas con Universal."

Sin duda, si sigues buscando tu oportunidad, llegará el día en que la encuentres. La disciplina es la base sobre la que se fundamentan la mayoría de las metas y, por lo tanto, es la clave para lograr el éxito en la vida.

En ella están basadas la mayoría de las grandes historias de superación en el mundo entero como la base sólida para los logros.

Para hablar de disciplina es necesario hablar de dos casos que, básicamente, tuvieron un reinicio como parte de los errores de sus mandatarios en el pasado. Estos países tuvieron un reseteo a mediados del siglo XX como parte de las consecuencias de la II Guerra Mundial.

Nos referimos a Japón y Alemania. Ambos países marcaron un sendero durante esa nefasta guerra, pero sus ambiciones se vieron truncadas ante la coalición de países aliados.

A fin de cuentas, sus ciudadanos pagaron las consecuencias de una guerra que dejó millones y millones de muertos.

Algunos estiman que murieron unos 60 millones de personas, siendo el caos más nefasto el holocausto judío, donde unos 6 millones de éstos fueron asesinados por el ejército nazi.

Para no entrar en muchos detalles, la guerra dejó consecuencias catastróficas para los dos principales protagonistas del Pacto del Eje, Japón y Alemania, pues además de las pérdidas humanas, muchas ciudades fueron destruidas y, en el caso de Japón, dos ciudades quedaron devastadas con las bombas atómicas.

Esto, sin duda, fue un golpe fuerte a la moral de los ciudadanos, pues debemos dejar claro que los gobiernos toman sus decisiones, pero son los individuos los que representan la fuerza y el empuje de las naciones. Cada país tiene como clave la fuerza de su gente.

Caso Japón

En el caso de Japón, con miles de millones en pérdidas, llegó al punto en el que se estima que más del 40% de la economía quedó devastada. Así, el gobierno se vio en la necesidad de establecer una serie de cambios que fueron fundamentales en el futuro de la economía del país.

Y quiero comenzar con Japón, pues el origen de la expresión "tarde o temprano la disciplina superará a la inteligencia" tiene su origen en los expositores japoneses, que entendieron que pueden existir muchas medidas económicas, incluso las mejores, pero solo el cumplimiento de esas medidas durante un largo periodo de tiempo, era la única opción que tenían.

Es así como Japón cambió de sistema político, pero además tuvo la necesidad de equilibrar su sistema de economía con un híbrido entre el capitalismo y el socialismo, pues entendieron que era urgente proteger al obrero trabajador y que era importante establecer condiciones para la inversión privada, teniendo como aliado principal a los Estados Unidos.

De esta manera, a las medidas políticas se sumaron las medidas económicas y, así, Japón se constituyó como una potencia mundial, con un crecimiento sostenido durante unos 40 años.

Pero el gobierno tuvo claro que cada medida debía ser evaluada, pues era la única manera de establecer un cambio para un país arruinado, sin credibilidad y con una población que sufría las consecuencias de una guerra que carecía de sentido.

Fue tan efectivo su plan que todos en el mundo comenzaron a denominar a Japón como el "Milagro Económico Mundial", y así, grandes corporaciones comenzaron a surgir en el mundo como producto de una disciplinada forma de administrar los recursos.

Fueron estrictos con sus programas económicos, y el pueblo entendió claramente lo que debía hacer.

Fue un matrimonio perfecto entre el gobierno y el pueblo, y con ello, las cosas empezaron a funcionar.

"Tarde o temprano la disciplina superará a la inteligencia"

No hay nada más cierto en el mundo. Puede que no seas el más inteligente, pero sí puedes ser el más organizado en el logro de tus metas. Lo que tienes que tener es un plan que debe cumplirse.

Un ejemplo claro es la SONY, una de las corporaciones más poderosas en el mundo. Sus fundadores, Akio Morita y Masaru Ibuka eran dos japoneses que, luego de la guerra, buscaron la forma de sobrevivir.

Es así como se encuentran en el taller de Morita para comenzar una revolución con uno de sus grandes inventos: el receptor de ondas cortas.

De esa forma, teniendo el radiorreceptor el auge con el establecimiento de las estaciones de radio, el producto sencillamente se vendió en grandes cantidades. Su producto estrella fue evolucionando a tal punto que crearon la radio de bolsillo para convertirse en una marca de referencia en el mundo del entretenimiento. Sumado a ello, crearon el primer televisor portátil, así como el Triniton, una TV con alta calidad de imagen. Pero, sin duda, el "Walkman" marcó una era para muchas personas en el mundo.

Una de las frases más célebres por parte de Sony fue "Podemos cometer errores, pero nunca dos veces el mismo error" Como parte de una corriente que tenía su fundamento en la disciplina, como el abono para cultivar el éxito.

Hoy SONY es una referencia mundial y es uno de los grandes consorcios, pero la clave de ese crecimiento estuvo en los principios y en los valores inculcados por sus dos fundadores.

Ellos vieron una oportunidad y empezaron a ser proveedores a un gobierno que estaba en ruinas. Además, no se conformaron con ello, y dieron el salto para convertirse en una referencia en el mundo empresarial.

Un expositor colombiano de origen japonés, Yokoi Kenji, manifestó que su experiencia de vivir en Japón desde niño le permitió entender algo:

"Ellos no son los más inteligentes, pero sí son los más disciplinados"

Y es la verdad, los japoneses no lo han inventado todo, pero han sido capaces de mejorar cada invento en base a su constancia, disciplina y pudor por mejorar día a día.

Caso Alemania

Otro de los ejemplos de disciplina en el mundo es sin duda Alemania, quizás con más problemas que los japoneses, pues muchas ciudades quedaron destruidas en el medio de la guerra, así como un gobierno hecho trizas.

Además de ello, durante años fueron ideologizados alrededor de un pensamiento totalmente errado.

Entonces, arruinados y sin identidad, les tocó hacer frente al mundo para poder renacer como la gran nación que es hoy día.

En 1945 luego de la rendición, los alemanes adoptaron una postura muy clara: era necesario rescatar la nación.

Y lo hicieron a tal grado que, en 1950, solo 5 años después de la guerra, se encontraban entre los países más poderosos de Europa, siendo considerados "El Milagro Económico Alemán".

El pueblo adoptó una postura bien clara. Durante los primeros años trabajaron más allá de las horas extras, se levantaron empresas, muchos obreros hicieron grandes sacrificios, hubo el cambio de la moneda, así como se abrieron al mercado de capital, para posicionar sus productos en el resto de Europa.

Sin duda, todos alaban una característica de esa Alemania: "La Voluntad del Pueblo".

Ellos querían borrar su pasado y renacer para poder emprender una nueva vida. Lamentablemente, una parte de Alemania se vio influenciada por las ideas comunistas de la Unión Soviética y así la nación quedó partida en dos por un muro.

Sin embargo, la Alemania Federal, hizo lo que debía hacer: trabajar y desarrollarse.

Uno de los casos empresariales fue la BMW, que si bien es cierto ha pasado por varios momentos "oscuros", se tuvo que reponer a las sanciones por parte de los aliados, pues tenía conexión directa con los nazis.

Luego de la guerra, BMW solo se dedicó a fabricar bicicletas, ollas y frenos. Prácticamente iniciaron de cero.

Hoy en día, ésta marca está posicionada entre las mejores del mundo, sobre todo por su calidad.

Quizás otro ejemplo es la Volkswagen, la marca alemana más conocida en el mundo, que no solo son los inventores de los muy populares Escarabajos, sino además de otros modelos muy lujosos en el mundo como: Audi, Bentley, Bugatti, Ducati, Lamborghini, Porsche, SEAT y Škoda, así como el fabricante de camiones Scania y MAN.

En ambos casos, tanto en el milagro económico japonés como en el alemán, prima la esencia del pueblo en lograr la meta de salir adelante, como un conjunto. Pero, al mismo tiempo, ese conjunto progresa sobre la base de la disciplina de sus protagonistas.

La disciplina es la constancia y la mística de hacer las cosas, y lo que permite a los grandes pueblos seguir adelante, aun cuando las guerras, el hambre o los fenómenos naturales han golpeado fuerte.

Es la disciplina lo que permite sacar fuerza en medio de los momentos más difíciles, pues es ella la que te recuerda que si no lo haces, estás destinado al fracaso.

Es por ello que quizás no eres el más talentoso, no tienes las mejores habilidades, quizás no eres el más inteligente, pero si te levantas cada mañana para lograr tu objetivo... Nadie te detendrá y nadie te desmotivará, pues tu fuerza radica en lo que te has propuesto para tu futuro.

Gracias a esto, grandes gurús del mundo moderno se han atrevido a afirmar, entre otras cosas, que la disciplina es la clave del éxito.

Esa disciplina la tienen grandes emprendedores y, para lograrlo, debes vencer aquellas barreras que te impiden seguir adelante.

Quizás los días de malas ventas te desalientan, quizás hay varios días de la semana en los que no haces ni un "centavo", pero nada de eso te debe detener en el crecimiento hacia lo que quieres y aspiras conseguir en la vida.

Los japoneses se mueven en función de unos códigos. Uno de ellos es la disciplina. Pero, la misma, es transmitida de generación en generación, por lo que se genera un valor muy importante, que es escuchar a las personas mayores.

En ese respeto, ellos deben asimilar los principios de la generación anterior como el orden, la puntualidad, la solidaridad, entre otros valores.

Capítulo 4: Los fundamentos de la autodisciplina

En el proceso de mejorarnos en la vida y poder vencer, así, el mal hábito de aplazar todo, lo primero que debemos establecer es un correcto orden de las cosas.

Pero ese orden pasa por establecer una vida disciplinada e imponernos unas normas que, con el pasar del tiempo, se constituyan en hábitos de gran valor para todos.

De seguro has escuchado en muchas ocasiones el término disciplina, pero aún no tienes claro el valor de dicho principio.

Por ello, quiero compartir contigo este concepto, para seguir el camino hacia la autodisciplina.

La disciplina se conoce como las normas de comportamiento para mantener el orden entre los miembros de una institución, grupo y hasta en el hogar.

Es por ello que la disciplina constituye el engranaje que dinamiza todo, pues un grupo social puede tener la fuerza para seguir adelante, pero si esa energía no tiene orden, será imposible poder constituir los pasos necesarios para avanzar.

Dicho de otra manera, supongamos que tienes gran potencial, pero si no estableces ese orden, constantemente habrá una pérdida de recursos y el logro de los objetivos será más difícil.

A ver, te lo explico mejor. Un motor consta de una serie de elementos mecánicos que permiten generar una tracción en el resto del auto, pero si no hay la cantidad adecuada de combustible, entonces la chispa que es generada y, por consiguiente, la explosión interna, jamás podrá tener la fuerza necesaria para mover los pistones.

Quizás sigue siendo algo complejo, pero en la vida puedes tener la mayor de las ganas y el potencial requerido, pero nada de eso vale si no cuentas con la visión necesaria para saber a dónde vas.

La disciplina agrega ese orden en la vida para conseguir las metas que nos hemos planteado en un momento determinado.

La palabra disciplina (del latín discipulus, "discípulo, estudiante") se refiere a una manera coordinada, ordenada y sistemática de hacer las cosas, de acuerdo a un método, código o alguna consideración del modo correcto de actuar.

Por ello, una persona disciplinada es alguien que sigue los preceptos como un buen discípulo. Sin salirse de las normas, pero, además, siendo un fiel ejemplo. Un buen discípulo tiene un buen maestro.

Quizás, una de las cosas más complicadas es dejar a alguien por otra persona que se considera superior. Pero, desde ese mismo instante comienza la disciplina.

A pesar que las sociedades tienen la tendencia a ser lideradas, de manera particular resulta incómodo seguir el patrón de alguien más. Por ello, la sujeción es una de las normas más difíciles de moldear en nuestras vidas.

El ejemplo más fiel es cuando alguien se une a las fuerzas armadas. El individuo pasa por un entrenamiento muy fuerte, pero que al mismo tiempo es canalizado por una serie de figuras que adoctrinan y enseñan que seguir la voz de mando es fundamental para poder ascender dentro de un cuerpo militar.

Y así, encontramos que la disciplina puede aplicarse fácilmente en el hogar, a la organización que perteneces, a alguna actividad deportiva, entre otros.

Precisamente, la actividad deportiva es una de las áreas donde escuchamos frecuentemente la frase "llegué al triunfo gracias a la disciplina".

Un caso muy ejemplar fue el de Michael Jordan, considerado el mejor jugador de baloncesto en el mundo, demostrando con su gran calidad una forma de juego única y excepcional, al punto en el que lo llamaron "Su Majestad"

Pero curiosamente, Michael Jordan, al inicio de su carrera, no fue el mejor. La mayoría de la gente no lo sabe, pero cuando Michael Jordan estaba en el segundo año de instituto, estaba ansioso por demostrar que era un gran jugador de baloncesto. Por esto, hizo una prueba para el equipo universitario. Pero, ¿adivinen qué? Las cosas no salieron como estaba previsto. Jordan fue rechazado por el equipo.

Teniendo en cuenta que tenía grandes sueños como jugador estrella de baloncesto, ese rechazo le afectó mucho. De hecho, le afectó tanto que se fue a casa, se encerró en su habitación y lloró.

Jordan lloró, lloró por semanas, pero no se rindió. Se levantó y decidió machacarse en el equipo JV. Y lo hizo. Se dedico a entrenar aún más, que el resto de sus compañeros en la temporada baja. Incluso creció 10 centímetros. Y al año siguiente, Michael Jordan hizo lo que todos los ganadores hacen: Lo intentó de nuevo.

Esta vez, sin duda alguna, entró en el equipo, y rápidamente se convirtió en el mejor jugador de la escuela. En su último año, entró en el equipo McDonalds All-American. Luego se fue a jugar a la universidad... y el resto es historia.

Michael Jordan no se rindió. En cambio, transformó su fracaso en combustible para el éxito futuro. Luego utilizó ese combustible para convertirse en "El Michael Jordan". El hombre que anotaría 32.292 puntos en su carrera de baloncesto, conseguiría 6 campeonatos de la NBA, recogería 5 títulos de MVP y llegaría a ser conocido por muchos como el GOAT (el mejor de todos los tiempos)

Solo su dedicación y su constancia le permitieron ejecutar un estilo de juego que le abrió paso entre los mejores. El hombre que anotaría 32.292 puntos en su carrera de baloncesto, conseguiría 6 campeonatos de la NBA, recogería 5 títulos de MVP y llegaría a ser conocido por muchos como el GOAT (el mejor de todos los tiempos)

Una frase muy conocida por Jordan fue la siguiente "a veces, un ganador es un soñador que nunca se rindió".

Y así fue. Desde sus inicios en el pequeño tablero que colocó su padre en casa, Jordán demostró que el esfuerzo era lo único que lo podía llevar a la cúspide. No salía del gimnasio, practicaba ejercicios que no hacía el resto del equipo y, llegado el momento, estuvo preparado para ser el mejor.

Irónicamente, en el draft de la NBA no fue electo de primero, sino de tercero. Es posible que ese equipo que escogió de primero esté muy arrepentido.

La autodisciplina es la base del carácter de todo aquel que pretende triunfar en la vida y, al mismo tiempo, está basada en fundamentos que deben ser considerados.

Quizás una de las sociedades con mayor disciplina es la japonesa. Por ello, su modelo puede ser ejemplo, pero los grandes líderes del mundo, de cualquier país, demuestran una fortaleza en lo que quieren y desean. Para ello, aplican una sólida y fuerte disciplina en sus vidas.

Entre los pilares de la disciplina podríamos decir que estos son los más importantes, y que revierten un factor clave en el crecimiento de la disciplina de las personas:

Determinación

Es, sin duda, uno de los aspectos más importantes en la disciplina, pues muchas personas dedican gran parte de su vida haciéndolo todo. De igual forma, no se pueden lograr demasiados objetivos si queremos hacerlo todo a la vez.

Pues, resulta, que en el proceso de la vida es fundamental determinar los objetivos que queremos lograr.

La determinación evoca una concentración necesaria en cuanto a lo que tenemos delante de la vida, y por ello, comenzamos a aplicar dos aspectos: lo que es necesario y lo que no es necesario.

Cuando decimos que una persona tiene una determinación inquebrantable significa que está clara en lo que desea.

Pero, ¿por qué es tan importante determinar algo?

Por mucha fuerza, inteligencia o talento que tengas para algo, nunca puedes abarcarlo todo. Quizás más adelante, cuando te rodeas de subalternos que siguen instrucciones, pero cuando eres solitario, tienes que tener la vitalidad para concentrarte en lo que viene por delante.

Es como fijarse un objetivo, pero al mismo tiempo, cuando tomas en cuenta todas las metas, vas sacando lo que realmente "estorba" para que no gastes energías o tiempo de manera innecesaria.

Así, se comienza un proceso de selección en el que se identifican las prioridades, desde un nivel primario, secundario y terciario.

Veamos un ejemplo:

Un joven tiene por delante algunos sueños que cumplir: graduarse, conseguir un trabajo y disfrutar de viajes por el mundo.

Sin duda, a menos de que sea un millonario, el orden correcto es ese.

En muchas ocasiones, algunas personas lo hacen al revés: viajan y viajan gastando sus ahorros, consiguen luego un trabajo, pues requieren de deudas y, dadas las circunstancias, nunca se gradúan.

Por lo tanto, es necesario clasificar lo que resulta vital para ti. Claro, el éxito es intangible, y no todos tienen la misma visión.

En Japón, uno de los principios de la autodisciplina es clasificar y, en ese sentido, separan y se desprenden de lo que es innecesario en cada área de su vida, para que puedan estar mejor enfocados hacia el futuro que desean tener.

Otra ventaja de la determinación es que te concentras en mejorar y en superar aquellas fallas que parecen imposibles de corregir.

Llama la atención el caso de la escritora J.K. Rawling, quien padeció algunos serios problemas en su recorrido al éxito. Por ejemplo, tener que sobreponerse a la muerte de su madre, un divorcio, quedarse soltera con su hija mayor y algunos problemas económicos que realmente le limitaron muchas cosas.

Todo eso sucedió en medio del proceso de escritura de su libro "Harry Potter y la Piedra Filosofal", el cual fue un éxito, incluso luego de esos traumas.

Finalmente, consiguió que una agencia llamada "Christopher Little Literary Agents", aceptara el reto de buscar una editorial para el libro.

Pero, las cosas no iban bien, y 12 editoriales sencillamente dijeron que no.

Hasta que el editor Barry Cunningham para **Bloomsbury** aceptó publicar el libro. Lo más curioso de todo, es que esto fue gracias a la lectura de una niña de 8 años, hija del presidente, a quien le gustó el primer capítulo.

Sin embargo, le recomendaron buscar otro trabajo, pues no veían mucho futuro con ese libro. Pero, un año después, en una subasta para publicar libros en los Estados Unidos, por los derechos para publicar la novela, que fue ganada por Scholastic Inc., se vendió por 105.000 dólares. Y desde entonces, comenzó el recorrido de uno de los éxitos comerciales en la literatura mundial, al punto en que es parte de la cultura de los niños y adolescentes de principios del siglo XXI.

Hoy por hoy, Rawling es una de las mujeres más ricas en el Reino Unido, y eso se debe a que se encaminó a terminar un libro en su vieja máquina de escribir, y alguien que le brindó la oportunidad de seguir adelante.

En eso consiste la determinación. Esta escritora inglesa iba cada mañana a los cafés, acompañada de su hija, y escribía poco a poco su historia, hasta lograr su meta: ser una escritora exitosa.

Ni su divorcio, ni la muerte de su madre, ni tener que vivir de la manutención del Estado; tampoco tolerar los engaños de su marido y, además, criar a una hija, al mismo tiempo en el que buscaba la forma de superarse, le impidieron lograr su objetivo.

Todos tenemos problemas, pero cuando determinas, de corazón, que la vida puede ser mejor de lo que muchos creen, entonces ni las circunstancias adversas podrán sacarte de la mente lo que quieres.

Te llamarán loco, aventurero o lo que te quieran decir, pero nadie entenderá lo importante que resulta para una persona cuando clasifica e invierte sus fortalezas en algo real en la vida.

Por ello, un espíritu disciplinado es aquel que no pierde su objetivo, y pasa por encima de las tormentas. No le importa lo que digan, pero es capaz de superarse cada día.

Organización

Sin duda, mantener el orden es lo que nos va a permitir alcanzar muchos logros en la vida. Si ya tienes claro lo que quieres, entonces es momento de darle forma y orden a ese plan.

La autodisciplina requiere que con lo que haces en la vida, tengas la posibilidad de conseguir algo, pero organizadamente.

El momento de ordenar las cosas va fluyendo, pero en tu mente tienes un plan que sólo tú puedes entender. Pues, a fin de cuentas, es tu propia visión.

No digo que no son necesarias las opiniones de terceros, pero siempre sigue tu plan de manera instintiva, para poder dar los pasos necesarios que te darán el triunfo.

Es el momento y el lugar para comenzar a darle orden a tu vida, y de esa forma, tú cobrarás valor en el plano existencial. Ya comenzarán a mirarte de una manera muy distinta pues eres dueño de tu destino.

No puedes pretender seguir adelante si no hay señales a las cuales seguir.

Esas señales constituyen la dirección que debes tomar. Y aunque parece que estás perdido, en tu plan interno todo conspira para llegar a la meta.

Por otro lado, cuando trazas un plan, de seguro tendrás que establecer algunas estrategias. Por eso, muchos emprendedores aconsejan anotar todo para ir evaluando paso a paso las pérdidas, las ganancias y las variantes en el espacio donde estás aplicando ese plan.

De igual modo, entiende que la vida está basada en variaciones constantes, pues la sociedad no es un grupo estable ni mucho menos inerte. Cada día hay cambios que deben de tomarse en cuenta, y solo el orden es lo que te permitirá mantener el "norte", aún en los momentos más difíciles.

El concepto de organización se define en dos aspectos: *ordenar* para *lograr*.

Etimológicamente, organización proviene del griego *"organon"*, que quiere decir instrumento o utensilio usado para trabajar.

Entonces, la organización es una herramienta utilizada para conseguir algo en particular. Generalmente en el ámbito laboral, pero es aplicable a todo.

De hecho, la agilidad y destreza de las personas se mide en función de la capacidad de organización.

Por otro lado, en el complicado mundo de la autodisciplina de los japoneses hay un valor fundamental al cual denominan el "Seiton", y lo consideran importante en las estructuras organizacionales.

El mundo moderno establece nuevas pautas de organización ante la vorágine de las estructuras económicas, por lo tanto, la clave de muchos triunfos radica en ser agresivo, pero al mismo tiempo organizado.

Muchos estrategas de la gerencia actual actúan intuitivamente, pero cada decisión ha sido pensada, meditada y medida en el espacio para determinar sus consecuencias.

Por así decirlo, la organización es un tablero de ajedrez, donde cada pieza tiene una función, cada movimiento genera una consecuencia, y cada consecuencia es una causa, si se ve desde el otro lado.

Por lo tanto, la organización permite establecer las consecuencias de las decisiones que puedas tener, y al mismo tiempo, te permite tener a la mano las herramientas necesarias en cada contingencia.

En el mundo moderno, aquellas personas que tienen la capacidad de organizar la organización (paradójico, pero es cierto) son denominados como los CEO.

Si te suena moderno el término, en realidad es el acrónimo de Chief Executive Officer, cuya traducción es lo que, en antiguamente, conocíamos como el Director Ejecutivo, quien tiene el mando en las empresas y grandes consorcios.

Este cargo ha cobrado una fuerza increíble, producto de los grandes cambios en el mundo; ninguna empresa puede ir a la guerra si no tiene un pensante, un estratega, que asuma los retos, teniendo en su mano el escudo de la organización y la lanza de las decisiones.

Es por ello que el término CEO ha cobrado tanto valor en los últimos años, como una forma muy clara de anclarse en la comunidad global con el sello de ser el mejor.

Grandes empresas han crecido aún más por las características organizativas de su CEO, pero, además, otras que estuvieron estancadas, evidenciaron un claro cambio producto de un excelente Director Ejecutivo.

Una de las empresas con mayor crecimiento en el mundo es GOOGLE, y precisamente se destaca por estar en la delantera por sus grandes logros en materia corporativa, la base de ese crecimiento se debe a la capacidad de organización que tienen.

Para que Google lograse ser lo que es en la actualidad, pasó por un serio proceso de transformación, pero la cabeza organizativa fue lo que fomentó ese crecimiento exponencial.

Ellos trabajan bajo un esquema horizontal a la cabeza de todo, y siguen una estructura vertical, cada una de ellas en función de los objetivos que persigue la empresa.

Por otro lado, cada empresa persigue objetivos diferentes que deben cumplir una serie de metas requeridas en el tiempo.

Los fundadores de Google tienen una visión muy clara y por lo tanto han añadido más talento humano que va siendo agregado en diversas áreas. Pero, para lograr eso, requieren de una organización que permita conseguir los objetivos trazados.

Es por ello que, si tienes la intención de crecer, solo puedes demostrar esas ganas con un emprendimiento que esté realmente organizado.

Para poder llegar a un nivel organizativo óptimo es vital que se puedan cubrir las necesidades del cliente y de otros por captar.

Es decir, una de las claves de GOOGLE como organización es que destaca el liderazgo de las áreas que desean explotar a futuro, iniciando un ciclo de investigación con planes y metas que deben ser cumplidas.

Podría decirse que Google, ahora englobado en la figura de Alphabet Inc, es un conjunto de estructuras que se unen entre sí, pero cada área tiene su autonomía en cuanto a las decisiones y los logros.

Pero de igual modo, en el futuro, aquellas empresas que no rinden lo suficiente son fusionadas con otras áreas.

Sin duda, a pesar de que el éxito de Google proviene de su dirección ejecutiva, es innegable que su esquema organizativo ha dado los resultados suficientes para ser considerada una de las corporaciones más grandes del planeta.

Es así como el éxito ha dependido en gran medida de su capacidad inventiva, pero el liderazgo que tienen sus CEO, partiendo de la estrategia, da muestra de una empresa sólidamente organizada.

De hecho, la empresa empleó un sistema de estructura denominado Mintzberg, el cual es un modelo que optimiza las ideas basadas en un ápice cumbre, de donde nacen las ideas, para seguir en una línea media que le da forma para seguir al sector operativo.

Teóricamente, el modelo MINTZBERG es así:

- Cumbre estratégica
- Línea media
- Núcleo operativo
- Tecnoestructura
- Estructura de apoyo.

Google le ha dado su propio sello, conservando la esencia del estilo organizativo, siendo de esta forma:

- Ápice Estratégico
- Línea Media
- Núcleo de Operaciones.

Dada su efectividad en comunicaciones, Google ha logrado vencer la burocracia, lo cual determina un ahorro sustancial en cargos innecesarios y rompe la barrera que en muchos casos evita el surgimiento de grandes ideas.

En la autodisciplina que pretendes establecer es necesario que la organización sea ese escudo que te permita enrumbar la visión que tengas. Recuerda, debes estar preparado para el éxito, y solo con organización podrás controlar el desempeño y los resultados.

Justamente, la organización es uno de los aspectos más importantes en la disciplina, pues el orden está directamente relacionado con la determinación en realizar algo, pero como cualquier táctica, es necesario tener presente cuáles son las metas primarias y, en dado caso, se debe descartar aquellos objetivos que no afectan el plan principal.

Cabe recordar que las corporaciones, empresas o emprendimientos responden a los cambios sociales y, en tal sentido, pueden ser cambiantes los objetivos, pero todo debe girar en torno a un plan que será conducido efectivamente cuando existe una certera organización.

Por así decirlo, la determinación nos motiva a seguir una meta, pero la organización permite cumplir un plan para realizarla.

Prevención

Otro de los fundamentos de la disciplina radica en la prevención, la cual es ese instinto y ese espíritu de estar un paso adelante, tanto de los problemas, como de la acumulación de los resultados.

Sí, muchas veces tenemos un plan para los problemas, pero, en pocas ocasiones tenemos uno para prevenir aquel exceso de resultados en nuestra vida.

Y ambos aspectos son fundamentales; por ello, en la disciplina no hay nada más acertado que ser prevenido. Bien lo dice el refrán: "Hombre prevenido vale por dos"

La autodisciplina aporta una exigencia en nuestras vidas que nos permite organizar todo un conjunto de medidas a tomar, en caso de contingencias, para así tener un plan B que pueda ser ejecutado.

Muchas empresas han tenido que cerrar, debido al exceso de confianza que depositan en un determinado plan. Por ello, manejar todos los posibles escenarios es característica de un buen líder.

Es por esto que la autodisciplina está muy relacionada con el campo militar. Cada general o comandante debe tener, por delante, un posible escenario en caso de contingencia, y de esto puede depender la vida de otras personas.

Ser prevenido es estar preparado. A lo mejor, nunca tendrás que emplear ese plan B ante una contingencia, y si es así, la primera acción tomada fue todo un éxito.

En la sociedad moderna se hace mucho énfasis en la importancia de ahorrar, pero no solo para conseguir algo en particular, sino tan solo para que en caso de un percance en tu trabajo o en el seno de tu hogar, tengas la suficiente fuerza para recurrir al caudal económico que has reunido durante años.

Estos planes preventivos no solo giran en torno al hogar, sino además en la empresa. Muchos directores ejecutivos han podido sortear las crisis, pues han logrado tener una buena solidez financiera como para enfrentar los momentos más complicados.

Esa confianza que tienes en tus ahorros te brinda la fuerza necesaria para tomar las decisiones adecuadas.

Hoy en día, la prevención es lo que más se destaca en los grandes líderes. No solo se trata de llevarlos hacia el éxito, sino también de mantenerlos en medio de la tempestad.

Una persona con una sólida autodisciplina tiene en su mente todo un escenario que confronta virtualmente todos los momentos posibles, y eso agrega sabiduría en sus decisiones.

Además, la prevención permite tener una flexibilidad en las decisiones que se toman. Es como ese espacio necesario para decidir con un margen de error.

Muchos planes no tienen opciones, y recuerda que las opciones se convierten en posibilidades en el mundo real.

Pero, ¿qué sucede cuando no creaste un plan en caso de contingencia? Sencillo, hay dos caminos, o se soporta la crisis o estarás encaminado al fracaso.

La palabra fracaso no puede estar en nuestro vocabulario, pero tampoco en nuestras vidas, el mejor camino es la autodisciplina. Y, si bien es cierto, nadie está exento de las derrotas, pero todos tenemos la posibilidad de enfrentar la vida con planes de previsión reales y constantes en el tiempo.

Claro, hay una característica muy importante para los grandes líderes: saben planificar, se manejan bien ante las circunstancias adversas, manejan un plan B y, además, tienen un temperamento sólido para no ser víctimas del sentimiento del fracaso.

Es decir, la prevención nos lleva a varios escenarios posibles en la vida, pero será tu carácter el que te permitirá enfrentar el peor enemigo en la vida: tú mismo.

Esto lo comparto contigo pues entre el primer plan aplicado, y la posible derrota, hay un pequeño espacio que define todo.

Ese espacio está inundado de frustración, de miedo, de temor, y hasta de la densa idea de que todo está perdido. Por ello, en ese instante es necesario:

1. Recordar que no hay fracasos, solo hay nuevos aprendizajes en la vida, los cuáles te llevarán al éxito.
2. Analiza muy bien qué aprendiste en la aplicación de ese primer plan fallido.
3. Debes actualizar tu plan operativo. Es decir, utilizar ese as debajo de la manga que tienes para una circunstancia compleja.
4. Quizás ese plan fallido solo es parte de un desajuste en el orden establecido inicialmente, entonces es hora de analizar todo en su conjunto, incluyendo los detalles paso a paso. Es importante hacer un alto para ese momento de análisis, reflexión o replanteamiento de las cosas.
5. No te permitas jamás caer en crisis; si el mundo tiene dificultades, entonces es momento de alejarte por un momento de todo lo que te rodea, para poder tomar la decisión más adecuada.
6. Algo muy importante es que no te dejes deprimir por las opiniones de terceras personas; si hay críticas, solo transfórmalas en aspectos positivos en tu vida.
7. Depura tus pensamientos, no olvides una frase fundamental de la filosofía: "Pienso, luego existo". Por lo tanto, lo que hay en tus pensamientos es lo que reflejarás en cada acción de tu vida.

Mantener la autodisciplina

Quizás es lo más complicado; pues mantenerse es la unión de todos los factores en función de los objetivos de tu vida.

Muchas personas opinan que lo más difícil en la vida es comenzar, y sí, es cierto, pero es necesario no desviarse en el recorrido.

Mantener el rumbo requiere de determinación, organización y prevención. Si estos tres no se fusionan en un pensamiento o acción, con el pasar de los años, lo que haces dejará de ser una pasión, y se convertirá en una pesadilla.

Eso se debe a que quizás las fuerzas ya no son iguales, hay desgaste mental y físico, ves la vida de otra manera, o sencillamente, ya no estás enamorado de eso que estás haciendo.

Parece muy romántico lo que te estoy diciendo, pero no hay mejor manera de compararlo.

Cuando ese proyecto, idea o meta se está confeccionando, todo luce como el primer amor: perfecto, sin errores, te sientes capaz de vencerlo todo, de no dejarte derrumbar por las críticas ni los malos augurios. Es el primer amor. Es la etapa de enamoramiento.

Por lo tanto, cada día debes recordarte por qué haces lo que haces; tener un encuentro con tu "yo" del pasado y reafirmar los lazos que te hicieron iniciar ese sueño tan preciado.

Por un momento debes detenerte, mirar al firmamento y conectarte con la chispa que lo movió todo.

Debes ubicar tu estrella en el firmamento.

En medio del desierto, aquel donde solo las arenas lo dominan todo, es complicado perseguir una dirección en búsqueda del camino a la salvación.

Muchas personas ignoran que cuando estamos en el desierto, si no tenemos un punto referencial, lo más probable es que caminemos en círculo. De hecho, se dice que por mucho que caminemos en línea recta, en realidad tenemos la tendencia a caminar hacia la derecha o la izquierda, dependiendo de tu pie de apoyo. Entonces, al final, estarás caminando en círculos de manera constante.

Lo peor es que en un desierto, las arenas se mueven, y tendrás la sensación de que caminas por un lugar distinto.

Entonces, ¿y si no existe ese lugar por el cual guiarnos?

Es momento de mirar al cielo y seguir la estrella que nos pueda guiar. El sol siempre estará en el mismo lugar, por lo tanto, su posición nos indicará el occidente y el oriente. Entre tanto, durante la noche, hay una estrella que siempre nos guiará al norte.

Si has perdido tu norte en la vida, es necesario que comiences a mirar esa estrella que iluminó tu corazón. Aquella que te inspiró. Nos referimos a ese momento en el cual todo comenzó.

Seguro te ha pasado en muchas ocasiones que sientes que nada es igual, que las cosas han perdido ese "sabor"

Es por ello que mantener la autodisciplina es más complicado de lo que creemos.

De hecho, muchos deportistas tienen entrenadores individuales para el momento en el que concluyen los campeonatos. Profesionales excelentes siempre viven en un constante proceso de preparación que nunca termina.

Y así, todo depende de la disciplina de cada individuo. Por ello, mantenerse en la carrera debe ser tu prioridad cada día. Que ese calor no se enfríe, que la chispa de la motivación nunca se acabe y que mires al firmamento cada noche en dirección a esa estrella que te guía.

"Esta es la fórmula de los siete pasos que quiero regalarte para que sigas, y obviamente, para cada vez que te propongas algo en tu vida. Existen muchas fórmulas y recetas para establecer objetivos. Por regla general, "cualquier plan es mejor que ningún plan". He aquí uno de los mejores y más eficaces planes o fórmulas para fijar objetivos que jamás aprenderás.

1 paso: Decide exactamente lo que quieres en un área determinada, y escríbelo claramente, con todo detalle. Haz que el objetivo sea medible y específico.

2 paso: Establezca un plazo para alcanzar el objetivo. Si se trata de un objetivo grande, divídelo en partes más pequeñas y establece plazos secundarios.

3 paso: Haz una lista de todo lo que tendrás que hacer para lograr el objetivo. A medida que vayas pensando en nuevos elementos, añádelos a la lista hasta completarla.

4 paso: Organiza la lista de pasos de acción en un plan. Un plan es una lista de actividades organizadas en función de dos elementos, la prioridad y la secuencia.

Al organizar por prioridades, determinas las cosas más importantes que puedes hacer en tu lista para lograr el objetivo. Se aplica la regla del 80/20: El 20% de las cosas que hagas supondrán el 80% de tus resultados. Si no estableces unas prioridades claras, te "especializarás en cosas menores" y dedicarás gran parte de tu tiempo a tareas pequeñas e irrelevantes que no te ayudarán a conseguir el objetivo.

Al organizarte por secuencias, determinas lo que hay que hacer antes de hacer otra cosa. Creas una lista de control. Siempre hay actividades que dependen de la realización previa de otras actividades. ¿Cuáles son y cuál es el orden lógico o la secuencia de realización?

5 Paso: Identifica los obstáculos o limitaciones que pueden impedirte alcanzar tu objetivo, tanto en la situación como en tu interior. Pregúntate: "¿Por qué no he conseguido ya este objetivo?".

Identifica el obstáculo o la limitación más importante que te está frenando, y luego céntrate en eliminar ese factor limitante. Puede ser una determinada cantidad de dinero o un recurso clave. Podría ser una habilidad o hábito adicional que necesitas. Podría ser la información adicional que necesitas. Podría ser la ayuda o la asistencia de una o varias personas. Sea lo que sea, identifíquelo claramente y póngase a trabajar para eliminarlo.

6 Paso: Una vez que hayas determinado tu objetivo, desarrollado su plan e identificado su principal obstáculo, emprende inmediatamente algún tipo de acción para lograr el objetivo. Da un paso en la fe. haz lo primero que se Te ocurra. Pero haga algo para empezar a avanzar hacia Tu objetivo más importante.

7 Paso: Has al menos una cosa cada día que te haga avanzar hacia tu objetivo más importante. Acostúmbrate a levantarte cada mañana, a planificar tu día y a hacer algo, cualquier cosa, que te acerque al menos un paso a lo que es más importante para ti.

El hábito de hacer algo cada día que te acerque a un objetivo importante desarrolla en ti el poder del impulso. La acción diaria refuerza tu creencia de que el objetivo es alcanzable y activa la ley de la atracción. Como resultado, empiezas a moverte más y más rápido hacia tu objetivo, y tu objetivo empieza a moverse más y más rápido hacia ti."

Capítulo 5: El desarrollo de la autodisciplina

La autodisciplina significa en el mundo moderno un factor clave para el crecimiento y la concreción de muchas aspiraciones que tienes en mente. Para conseguir lo que quieres debes luchar, y solo la autodisciplina te permitirá seguir adelante en el camino.

Muchos de nosotros tenemos claro en que solo un carácter sólido es lo que nos permitirá vencer, pero el carácter no se refiere a temperamento, es la capacidad que tienes como persona para seguir adelante por encima de todos los obstáculos que la vida te presente. Por un momento llegarás a pensar que no es fácil seguir, pero es necesario sacar la fortaleza que imprime tu "ser" interior.

Pero, ¿qué es lo que nos permite que fluya esa fuerza interior que tanto nos hace falta en muchos momentos?, ¿Será acaso que solo algunas personas están predeterminadas a triunfar, o sólo es cuestión de suerte?

Pues no es así. Cada humano con sus talentos, es capaz de determinar su futuro, y ese futuro viene dado por la disciplina que demuestran en el campo de batalla.

La historia siempre nos ha demostrado que hay personas que logran detener aún el sistema para convertirse en conquistadores, y ellos han exhibido lo que todos deseamos: tener la suficiente autodisciplina para vencer.

Pero claro, todo es parte de un proceso, y ese proceso requiere de una fina estrategia que permita abrirte paso.

Antes que todo, es necesario tener un acto de reflexión, para visualizar si contamos o no con la suficiente disciplina para seguir adelante.

Si no es así, entonces debes hacer un alto en tu vida para explorar tu mundo interior y fortalecer tu disciplina, de manera que puedas enfrentar todo cuanto venga en la vida.

La autodisciplina nos permite ir contra la corriente, llegar a los lugares donde nadie ha pensado que llegarías y tener las cosas que siempre ha deseado tu corazón. Pues, además de que tienes la determinación de una roca, el universo conspira contigo para que lleguen poco a poco todas tus metas.

La autodisciplina es esa estructura sólida y el engranaje que te permite seguir. Como vimos en el capítulo anterior, los fundamentos de la autodisciplina son esenciales, pero al mismo tiempo, ella nos guía a germinar otros valores en nuestra vida, así como te hará ser admirado por quiénes te rodean.

De hecho, también nos hace más fuertes, más resistentes, y aumenta nuestra voluntad, pues sencillamente, esta última, será menor o mayor en función de la autodisciplina que exhibas en la vida.

Albert Einstein, dijo en una ocasión:

"Hay una fuerza motriz más poderosa que el vapor, la electricidad y la energía atómica: la voluntad."

Además, en cada una de las religiones del mundo, sus líderes están marcados y se distinguen de otros en función de la disciplina que evidencien.

Pues la disciplina es la autodeterminación que te impulsa al logro, genera en ti la inspiración y es lo que te obliga a vencer, una tras otra, cada una de las barreras del camino.

No es que haya personas que nacieron con mucha disciplina, es que hay individuos capaces de sembrar en la roca, segar durante la sequía y gozar de una vida plena, aun cuando el resto del mundo se derrumba.

Suena muy bonito, pero quiero que te propongas en la vida a ser mejor. Nada de tomar el camino fácil, porque eres y serás lo que quieres ser: el éxito depende de ti.

Diferencia entre disciplina y autodisciplina

Lo primero que debemos entender antes de seguir, es que existe una gran diferencia entre la disciplina y la autodisciplina.

Ambas están relacionadas, pero una es impuesta y la otra nace. Una es superficial, la otra crece dentro de ti, una persigue una meta efímera, la otra lo quiere todo.

La disciplina implica actividades que requieren de un gran esfuerzo, de una rutina constante, de conseguir una tarea y cumplirla con plenitud.

Pero, existe una supervisión o unos factores externos que te obligan al cumplimiento.

Por ejemplo, un ciudadano cuando sirve a la nación prestando el servicio militar, sabe que sirve a la nación y que es un momento en el cual puede dar lo mejor de sí por el bien de la patria.

Pero, terminado el periodo obligatorio, pues decide abandonar la carrera y dedicarse a otra cosa.

De hecho, en muchos países del mundo el servicio obligatorio muestra ciudadanos con increíbles capacidades, pero al pasar un tiempo se cansan, se aburren y ya no quieren continuar.

Dentro de ese grupo, siempre hay algunos jóvenes que se dan cuenta de que eso sí es lo suyo, que nacieron para ello y, por lo tanto, se exigen día a día para superarse, para poner nuevas marcas y para cumplir con todo el entrenamiento necesario. Además de ello, son capaces de escalar posiciones hasta convertirse parte de la élite.

En el primer caso, hay un sistema que exige disciplina, pero en el segundo caso, más allá del sistema, ese individuo ha logrado entender que desea hacerlo, que no forma parte de los que renunciarán, sino que hará una carrera militar.

Por lo general, ese tipo de personas terminan siendo comandantes o generales.

Es la voluntad que nace de tu interior la que te indicará lo que tienes que hacer, la que te ayudará a vencer los obstáculos y a convertirte en alguien diferente.

Veamos otro ejemplo más familiar:

Cuando iniciamos la etapa escolar, nos levantamos cada día del año, con esas ganas y ese ímpetu de un niño feliz; nuestros padres velan para que no faltes a clases y los resultados se evidencian en excelentes calificaciones, para convertirte en el mejor.

Competencias académicas, reconocimientos y popularidad por ser el mejor. Pero, cuando llegas a la secundaria, las cosas comienzan a ser un tanto distintas. Ya tus padres te dejan un poco solo en tus decisiones, como debe de ser, y así, tu desempeño académico decae.

La meta de ingresar becado a una universidad se hace cada vez más lejana. Pero lo logras, te matriculas en una carrera y, poco a poco, la desmotivación se adueña de tu vida. Faltas a clases, te dedicas más otras actividades, y terminas por abandonar uno de tus sueños. Ya no consigues ese título académico que querías.

Pero, ¿qué pasó?

Al inicio, como puedes notar, hubo una disciplina constante pues los padres estaban pendientes de los compromisos académicos del chico; tiene una inteligencia por encima del promedio, y con esfuerzo logra ser el mejor.

Pero claro, cuando los padres le permiten tomar sus decisiones en la etapa preparatoria, poco a poco fue perdiendo disciplina en su vida, aunque mantuvo el valor de la responsabilidad. Pero, la autodisciplina es la que te permite cumplir día a día con la meta trazada.

Al llegar a la etapa universitaria, el talentoso chico pierde mucha de la responsabilidad, y sin autodisciplina, fue incapaz de mantener la meta: convertirse en un médico.

Así transcurre la vida de muchos. Circunstancias diversas nos alejan de lo que deseamos en la vida, pero solo esa disciplina que nace dentro de nosotros es lo que nos permitirá llegar lejos.

Pero, ¿cómo puedo desarrollar mi autodisciplina?

Desarrollar la Autodisciplina

Como todo proceso de crecimiento, es necesario un entrenamiento inicial que, luego, debe ser mantenido a completitud para encontrar los resultados.

Sin esfuerzo no hay resultados, pero, en el caso de la autodisciplina, es un hábito que debe ser forjado para que pueda perdurar.

Muchos han concordado en que uno de los retos más complicados es la autodisciplina. Si no fuese así, entonces, habría más hombres y mujeres en mejor forma; los emprendimientos serían mayores en todo el mundo, entre otros logros.

Pero, ¿por qué resulta tan complicado? Es probable que tengamos la tendencia a conseguir todo de la manera más fácil. En algunas zonas ya es un tema de cultura, pues desde niños se les enseña el valor del esfuerzo.

Entre los aspectos que ayudarán a cultivar el hábito de la autodisciplina podemos considerar:

Motivación

Todos coinciden con que el principal punto en el cual fluye la autodisciplina es en la **motivación**. Y claro, la motivación es lo que nos mueve a ser mejores personas, profesionales, padre, madre, amigo y hasta ciudadano.

Si no existe esa motivación, jamás tendremos el empujón necesario para lograr lo que queremos. El tema radica en que nosotros, los seres humanos, respondemos a diversos puntos de motivación. Entonces, para cumplir lo que queremos, es necesario buscar en nuestro ser interior ese punto de atracción que nos mueve a lograr cosas que, hasta ese momento, eran imposibles para nosotros.

En el caso de la autodisciplina, es necesario mantener ese espíritu motivado y, si hay alguna mañana en la que no queremos cumplir con lo que debemos hacer, solo tenemos que recordarnos del por qué estamos en el camino que hemos decidido.

La motivación es una respuesta interna que activa, dirige y mantiene una conducta hacia metas u objetivos determinados. Es un impulso intangible que mueve al sujeto a realizar acciones y a persistir hasta lograr su cometido.

La motivación tiene un estímulo exterior que es procesado por la mente humana, e inicia un recorrido de pros y contras, hasta lograr una respuesta. Claro, en el sentido más básico, los seres humanos tenemos motivaciones salvajes o naturales, como el hecho de sobrevivir, alimentarse o defenderse, que responde a instintos, más que a un proceso de aprehensión.

Para mantener la autodisciplina es necesario tener la motivación en plena armonía con nuestras acciones, y en la organización de nuestra rutina diaria tenemos esa motivación principal.

Digamos que la motivación en tu vida es lo que permitirá la extensión, el alcance y te obligará a cerrar viejos ciclos, para iniciar los nuevos.

Es posible que un día te sientas muy desmotivado por los fracasos o por las metas no alcanzadas, pero debes entender que todo se trata de un crecimiento que tendrá sus resultados tarde o temprano.

Sin querer, es posible que te encuentres en un gran entrenamiento, y es la motivación la que mantendrá esa fuerza activa en tu vida.

Una persona con autodisciplina sabe lo que quiere, entiende cómo hacerlo, y recurre a ese "combustible" (motivación) para hacer hasta lo imposible. De eso se tratan los retos, y ellos te motivan a ser mejor.

Un caso de motivación fue el del fundador de la Corporación Honda, como un japonés fiel a los principios de la autodisciplina, que de ese país oriental es parte de la cultura, y es una enseñanza que se transmite de generación en generación.

Soichiro Honda fue un ingeniero que tuvo un largo recorrido, fueron muchas las derrotas, pero ese espíritu de hierro lo impulsó a luchar por lo que soñaba. Fue el fundador de Honda Motors.

Honda nació en un hogar de mecánicos, su padre reparaba bicicletas y fue una de las personas de quien aprendió muchas cosas.

Es así como a sus 15 años decidió irse a Tokio para incorporarse a la fábrica Hart Shokai. Despues de 6 años, regreso como un experto en mecánica a su natal Hamamatsu, siendo el representante de la empresa en el pequeño pueblo.

Después, decidió cumplir sus sueños, y es así como monto una pequeña fábrica de pistones, pero quebró al poco tiempo. Ese impedimento no le desmotivó a seguir creciendo, por lo que decidió entrar a la universidad.

Al salir de la universidad fundó Tokai Seiki, en donde intenta la fabricación de los anillos para la gran empresa Toyota, pero un bombardeo que tubo parte en la II Guerra Mundial destruye la planta, quedando arruinado una vez más. Perdió nuevamente otra planta que tenía en Itawa devastada por un temblor.

Sin duda, otro fracaso en su vida, pero eso no lo detuvo.

En 1946 después de la guerra, decide vender los restos de la fábrica y funda el Instituto Honda para la Investigación Técnica.

Dos años después, asociado con Takeo Fujisawa, logran fundar Honda Motor, que originalmente estaba dedicada a la venta de bicicletas con motor, pero como eran pesadas, la empresa quebró.

Sin embargo, no renunció y logró diseñar un motor más liviano, y es así como inicia el imperio de las motos Honda en el mundo.

Aun así, en 1967 lanza al mercado el vehículo icónico de la empresa: el Honda Civic.

Sin duda, Honda es un ejemplo de constancia. Su motivación principal era trascender como uno de los grandes constructores de motos, esa era su pasión, y a pesar detodas las derrotas seguidas que tuvo en la vida, siempre siguió adelante.

Muchos de nosotros, en muchas ocasiones, decidimos olvidarnos de nuestros sueños y se pierde la motivación por un fracaso o por una derrota.

No olvides que las derrotas siempre aparecerán en la vida, pero la motivación por cumplir una promesa, un sueño o una aspiración, es lo que trastoca nuestras fibras del corazón y nos obliga a levantarnos una y otra vez.

Es así como trabaja la motivación, nos genera esa energía para luchar como un animal por lo que queremos. No permitas que el enojo o la frustración de un fracaso te hagan desistir, solo la autodisciplina te permitirá abrir caminos en este mundo tan complejo en el cual cohabitamos.

No es el más rápido el que consigue la meta, es el más constante en la vida el que consigue el cumplimiento de sus sueños.

Lucha y persiste. Debes decirte en el fondo de tu corazón:

- "Ey, ¿qué haces en el suelo? es hora de levantarse a conquistar" Solo hazlo.

Es así como la motivación juega un papel fundamental en el desarrollo de la autodisciplina.

Tus sueños:

Recuerda que hace algunos capítulos te dije que debes buscar tu estrella en el firmamento para caminar hacia ella, y aun cuando estés en un gran desierto, o un océano que parece infinito, siempre lograrás llegar al final.

En el camino de la vida, el cual es a veces muy arduo, pesado y lleno de muchas espinas, es muy posible que nuestro curso hacia la meta se pierda, pero, ¿cuál es la fuente de motivación que nos reencausa a seguir? Los sueños.

Los sueños son un capítulo de nuestra vida, que está lleno de mucho romanticismo, encarnado en la posibilidad de hacer realidad lo que nuestros anhelos desean, para el bien de nosotros.

Perseguir los sueños es lo que nos permite tomar nuestro camino. Es tu camino. Es lo que has decidido para tu vida, lo cual no debe dejar a un lado que tus aspiraciones pueden ser compartidas.

Cuando los héroes de independencia de toda América siguieron los sueños de libertad, lo primero que hicieron fue compartir la idea. Teniendo distintos enemigos, pero una meta en común, se fijaron estrategias para conseguirlo.

De hecho, se dice que desde Europa muchos de sus ideales fueron sembrados de común acuerdo para el logro de un mundo mejor.

Así son los sueños. Una visión que nace en las personas y que poco a poco elabora un plan para lograr que el universo conspire y se den los hechos que se desean de corazón.

Por ello, cuando una persona pierde motivación, pierde autodisciplina, y cuando la pierde, es que sus sueños se han desvanecido por el ruido de la lucha.

No cabe duda de que los seres humanos estamos hechos de una fuerza interior, tenemos una chispa que puede crecer más y más, y convertirse en un gran incendio, pero todo depende de la disciplina que tengamos al avanzar.

Por ello, en el camino para desarrollar la autodisciplina, es necesario que tengamos presente a los sueños, pues ellos nos permitirán el crecimiento intrínseco que se manifestará en un sólido liderazgo.

Muchos individuos nacen con un liderazgo natural, pero que no se ha desarrollado por imposición, sino porque sus sueños inspiran a muchas personas, y es así como le siguen sin así desearlo.

"Nacido en el municipio de Springwells, en el condado de Wayne, Michigan, el 30 de julio de 1863, hijo de Mary y William Ford. Era el mayor de los seis hijos de una familia de cuatro niños y dos niñas. Su padre era originario del condado de Cork, Irlanda, y llegó a Estados Unidos en 1847 y se estableció en una granja del condado de Wayne.

El joven Henry Ford mostró un temprano interés por la mecánica. A los 12 años, pasaba la mayor parte de su tiempo libre en un pequeño taller mecánico que él mismo había equipado. Allí, a los 15 años, construyó su primera máquina de vapor.

Más tarde, fue aprendiz de maquinista en Detroit, en los talleres de James F. Flower and Brothers y en la planta de la Detroit Dry Dock Company. Tras completar su aprendizaje en 1882, pasó un año montando y reparando máquinas de vapor en el sur de Michigan."

Henry Ford, un sujeto que cambió el paradigma de la industria automovilística, expresó en muchas ocasiones lo importante que son los sueños, de las metas y de ver lo que nadie ve, pero es una visión que se construye con el día a día y con un gran esfuerzo.

"Los obstáculos son las cosas horribles que ves al dejar de fijar tu vista en la meta"

No hay nada más cierto. Si dejas de ver tu meta o si dejas de ver la cima, solo verás un gran bosque imposible de atravesar. Pero, cuando miras directo a lo que quieres, de seguro se abrirán caminos en tu recorrido.

Ford además expresó "Si le hubiera preguntado a la gente lo que quería, de seguro me hubieran dicho, autos más rápidos"

Y sí, en el siglo pasado, cuando apenas la gente tenía idea de que eran los motores, Henry Ford creo en 1909 el Ford T. El auto que revolucionó el mercado de los vehículos en el mundo entero. Nada mal para un sujeto que era pobre, granjero y fue relojero.

Pero Ford tuvo un sueño, y ese sueño lo convirtió en un plan, cada derrota de Ford era subsanada en recordar por lo que había dejado su granja para seguir adelante.

Quizás, en este momento, estás como atrapado en el desánimo, por las circunstancias que rodean el mundo. Sientes que es todo y que es hora de tirar la toalla, pero no, ¡detente! es momento de seguir, para recordar los sueños que te han hecho digno aspirante del éxito.

En algo trabajó fervientemente Henry Ford, en ver un mundo distinto. Tanto así, que fue uno de los primeros en reducir las horas de trabajo, así como un sustancioso aumento del salario. Fueron detalles que hicieron entender que, para él, su equipo era muy importante.

Generalmente, los sueños están allí, estancados, flotando en el laberinto de tu mente, sin dirección ni curso. Quizás por vergüenza no te atreves a decir nada al respecto, pero no olvides que "lo que no se dijo, no se hizo"

Sueños Ilimitados

Mirar al firmamento y fijarse una meta de llegada no es de locos. De hecho, grandes conquistadores del mundo antiguo, con menos herramientas, pero con muchas ganas, lo hicieron.

César Augusto, el gran emperador romano que tuvo la tarea de expandir el imperio por toda Europa, se planteó desde un inicio llevar a Roma hasta su máxima gloria.

El severo emperador expresó en una ocasión "Recibí a una roma hecha de ladrillos y hoy la entrego hecha con mármol"

No hay dudas de esa expresión, pues si su antecesor Julio César emprendió la lucha por unificar la nación y hacerla sólida con un ejército formado, César Augusto tuvo la misión de conquistar a todo lo que se le interpusiera en el camino de ver crecer un gran imperio.

El sobrepasó sus límites, y aunque tuvo muchos enemigos a lo interno, fue capaz de revolucionar el mundo con un sistema que fue mejorando con sus sucesores.

Al día de hoy, no ha surgido un imperio como el romano, no tanto por su extensión, sino por todo el legado que dejó en el mundo.

Pero, ¿qué motivó a César Augusto a tales hazañas?, ¿qué le hizo pensar que lograría todo lo que se propuso? Solo sus sueños lo motivaron a concretar sus metas.

No te permitas dar límites en los sueños que tengas en la vida: la edad, las limitaciones físicas, lo económico, nada. Solo debes pensar un poco más, solo un poco más.

Seguro estarás pensando, "pero tengo que ser coherente, tampoco debo fijarme metas que no son factibles". Tienes toda la razón, pero el ser humano responde en función de las condiciones que se plantea, es decir, se hace más fuerte en la medida en que las circunstancias le exigen serlo.

Fíjate que los sueños son llaves que nos permiten abrir pasos, subir montañas, escalar cumbres empinadas, avanzar en medio de la tempestad y no dejarse vencer por los miedos.

Los límites los pones tú, pero, antes, debes luchar con el peor enemigo de todos: el miedo.

Todos sentimos miedo al plantearnos un reto, pero solo la visión de lograrlo, es lo que nos impulsa a ser mejores personas y romper los esquemas.

Debes educar tu mente y potenciarla

Sin duda, uno de los aspectos para conseguir un efectivo desarrollo de la autodisciplina se concentra en la capacidad de crecimiento de nuestra mente. Pues, si bien es cierto, la motivación es el combustible, y los sueños son la chispa, porque en la mente se procesa todo lo que deseamos.

Para lograr que las cosas se hagan verdaderas en nuestra trayectoria por la vida, se requiere de la concentración de la mente, de tal forma que los seres humanos pasamos a convertir en real lo que hasta ese momento es irreal.

A ver, te lo explico de manera más dinámica. Hay una persona que te encanta, deseas pasar más tiempo con ella o él, pero para esto, necesitas un plan.

El plan comienza a desarrollarse en tu mente, con cada una de tus acciones o movimientos de forma virtual, hasta lograr que esa ocasión o ese momento se realice en la vida real.

Es como cuando jugamos ajedrez: hacemos una visualización de lo que haremos en el tablero, pero sólo es realidad virtual, nunca ha sucedido, y es probable que decenas de movimientos hayan pasado por tu mente antes de hacer el movimiento verdadero que te permitirá avanzar en la partida.

Eso es desarrollo mental, saber y determinar las jugadas o movimientos. Lo que llamaríamos toma de decisiones.

Para ello, necesitas de una fortaleza mental que te permita mantenerte fiel a tus acciones.

Debes recordar que un sueño forma parte de una ilusión que ha nacido en el centro de tus pensamientos, pero hasta que no se concretan, pues nunca existirán.

"La visión sin acción es una ilusión"

Tu visión de la vida está muy ligada a los sueños que se albergan en tu mente, pero si nunca se ejecutaron, tan solo serán parte de una ilusión.

Muchos de nosotros vagamos en el mundo sin visión, sin dirección o sin rumbo, y ello se debe a la poca fuerza que tenemos para accionar lo que queremos.

Alguien dijo en una ocasión "Querer es poder" y si el poder vive en la capacidad de intención que tenemos, entonces es hora de poner a prueba nuestras fortalezas para encontrar el camino hacia la felicidad.

Ahora, hasta este punto, entendemos que requieres potenciar tu mente, pero, ¿cómo puedes llegar a ello?

Algunos grandes emprendedores han entendido que es necesario dedicar un tiempo a la meditación matutina o antes de dormir. Estas personas hacen una reflexión en torno a lo que quieren en la vida, pero además de ello, dejan un espacio para que la mente descanse.

Es como si le hicieses mantenimiento a tu mente, pues entonces es hora de liberarla: escuchando música, caminando o haciendo ejercicio. Sólo dedica ese espacio para que tu mente libere carga y, seguido de ello, comienza a pensar.

Hay otras personas que han decidido escuchar música o bailar, y liberan todo el estrés acumulado internamente.

Pero si lo que buscamos es desarrollar la mente, ¿cómo liberarla de carga permitirá que se desarrolle?

Pues es sencillo, a veces la mente está atascada por toda la carga diaria, semanal, mensual y hasta anual y, por lo tanto, es vital darle un espacio para luego acelerar y sacar el máximo potencial.

Otros individuos tienen formas más complejas de generar el crecimiento mental anhelado. Algunos, pues, se dedican a jugar, sí, solo dedican tiempo a un juego.

Algunos son más cultos y lo hacen con el ajedrez o las cartas. Otros practican un deporte como el béisbol, el tenis o baloncesto. Otros, pues toman sus video juegos y drenan todo, poniendo en práctica estrategias en enfrentamientos con otras personas.

Sea cual sea la forma de liberar el estrés en la mente, pues si es efectivo en ti, síguelo haciendo, siempre y cuando garantices estar poniendo atención. Si notas una merma en tus capacidades, entonces es momento de alejarse.

Y como nuestro norte es lograr que puedas crecer como persona, pues te indicaré 8 formas de elevar tu potencial mental:

1. En forma muy ambigua te lo he indicado, es necesario distraer tu mente, y no hay mejor forma de hacerlo que haciendo ejercicios. Ejercitar el cuerpo libera hormonas, y esas hormonas provocan en tu mente un estado de placer que, a la larga, genera felicidad.

Sí, la felicidad es la fuente que crea ese efecto de tranquilidad en nosotros, por lo tanto, mientras haces tú rutina de spinning, tu caminata de la mañana, o cuando repites tus series de abdominales, entre otros ejercicios, es muy probable que te invada una emoción de alegría, al tiempo que concentras tu mente en seguir.

En ese momento, permite que tu mente descanse, y solo dedícate a pensar cómo lograrás hacer la siguiente rutina. Todo se tratará de esfuerzo físico sin que esto te genere un estrés.

Por ello, si vas a un gimnasio, te recomiendo que te olvides del resto; ignora si otros tienen mejor cuerpo, pues eso no te produce tranquilidad, sino que, al contrario, puede estresarte más de lo que crees.

Otra forma de ejercitarte es practicando algún deporte; por ejemplo, dedícate a esos deportes que hacías cuando eras niño o adolescente. Pero, ¿por qué?

Tan sencillo como esto: cuando eras niño o adolescente no tenías esa carga mental que te genera tanto estrés ahora que eres un adulto. Por lo tanto, la mente entra en una fase de descanso que es saludable para nuestro cerebro.

Desde el punto de vista físico, si sales a caminar un poco, eso te permite generar mayor cantidad de vitamina D para el organismo.

Además, hay otro factor muy importante, cuando ejercitas tu cuerpo existe una mejora sustancial en el sistema nervioso, y ello se debe a que, ante los cambios metabólicos y la liberación de toxinas, el organismo mejora la sinapsis.

La sinapsis es la energía que permite la unión entre las neuronas que son las células que unen todo el sistema nervioso central, incluido el cerebro. De esa manera, es posible que la velocidad de procesamiento sea mucho mejor y que puedas tener una óptima reacción ante las exigencias diarias.

2. Trata de hacer ejercicios de memorización mientras te mueves: es una técnica que más que lograr fortalecer tu intelecto, te permitirá elevar tu capacidad de memoria, lo cual es sumamente importante para fortalecer la mente.

Se ha comprobado que memorizar y mover el cuerpo es una conexión que ayuda a ejercitar tu cerebro mientras que alcanzas una plenitud en tu proceso de aprendizaje.

Una persona que tiene claro lo que debe hacer y, sobre todo, tiene el orden su mente, tendrá mayores posibilidades de luchar en la amplia guerra por conseguir el éxito.

Otro aspecto bien concebido es el aprendizaje neuronal, el cual potencia todas tus capacidades.

3. Otro aspecto muy importante es una sana alimentación. Sin duda, el poder lograr que nuestro organismo consuma los nutrientes y vitaminas necesarias, potencia, en gran manera, tu capacidad e inteligencia.

Muchas personas ignoran la importancia de alimentarse bien. El cerebro requiere, ante todo, tener la capacidad necesaria de oxígeno para que funcione adecuadamente.

Un alto porcentaje de grasas y azúcares terminan en el cerebro humano, o lo afectan de forma directa, por lo tanto, si hay un exceso es posible que desequilibre su funcionamiento y, así, el rendimiento sería mucho menor.

Así que es necesario consumir aquellos alimentos con una cantidad moderada de grasas, pero, sobre todo, con especial cuidado del grupo Omega. Por otro lado, cuando los niveles de azúcar se elevan, la circulación en el cuerpo se hace más irregular, y entonces el rendimiento es menor.

Esto se demuestra cuando las personas no procesan muy bien algunas ideas, o no son capaces de resolver problemas, pues el cuerpo no está en óptimas condiciones.

4. Es hora de un escape: tal como te lo recomendé al principio, nada mejor que darle a la mente un momento de relajación, así que busca esos sitios que te hacen sentir tranquilo o feliz.

Vete a la montaña, ten un fin de semana de playa, busca ese lugar favorito en el mundo para tener un reinicio o para hacer una parada durante una temporada fuerte de trabajo. Y, aunque no todos reaccionan igual, es necesario que la mente tenga el reposo para desahogar todo el estrés acumulado.

5. Busca actividades recreativas que generen retos. Nada mejor que disfrutar mientras haces una actividad, pero, al mismo tiempo, esta potencia tu inteligencia o tu astucia.

Te recomiendo que encuentres algo en lo que puedas mantener activa tu mente, pero no como una carga, sino como lo más recreativo posible.

Jugar damas chinas o ajedrez puede ser una opción. Quizás algún video juego que te entretenga y te ayude a liberar endorfinas.

Podría ser hasta un juego en línea que ponga a prueba tus habilidades. De hecho, ¿sabías que Bill Gates juega mientras que comparte con su familia? Algo muy particular del gran empresario en sus tiempos de esparcimiento.

Pero, ten cuidado con la adicción, porque muchos terminan dedicados al juego y olvidan sus responsabilidades.

6. Escucha música; pues no hay nada más relajante para la mente humana que escuchar música.

Esas ondas vibratorias que circulan por nuestro oído y que contienen letras adornadas con instrumentos musicales, causan en nosotros un estado de tranquilidad. Sobre todo, si se trata de la música que te gusta.

Algunos científicos han aclarado que escuchar música en niveles moderados eleva la cognición de las personas, crea un éxtasis general y, además, mejora tu memoria musical.

De hecho, muchos temas musicales provocan en nosotros una reflexión, y ella nos hace tener un punto de inflexión, hasta llevarnos a una meditación sobre la vida.

Cuando meditamos, existe un proceso de corrección que nos hace mejores individuos, y esto se debe a que buscamos no cometer los mismos errores constantemente.

7. Duerme, pero hazlo bien. Quizás es lo más básico que nos pide el cuerpo humano para tener un correcto funcionamiento.

Dormir es una necesidad de vida, pues en ese lapso de tiempo, además de la producción de sustancias químicas; tu reloj biológico reacomoda todo para iniciar un nuevo ciclo.

El cuerpo humano lo necesita y te pide a gritos que cumplas esa etapa de descanso, por ello recomiendan que sea entre 7 a 8 horas.

Además, el ciclo de un buen descanso se completa con la actividad que realices al levantarte. Esa rutina, te permitirá mejorar tus condiciones, más allá de las posibilidades de prepararte para el reto diario.

Muchas personas dedican esos primeros minutos del día a la meditación, otros leen la prensa mientras toman café, mientras que la mayoría se da un buen baño y dedica tiempo a su cuerpo.

8. Estudia. Es lo más básico para hacer crecer la mente. Por medio del estudio nuestras capacidades se potencian. Pero, además, en esa interrelación obligada en nuestros estudios, lleva a un aprendizaje de nuevas técnicas, estilos y formas de vida.

En resumen, culturiza más nuestra vida, haciéndonos más sabios al momento de tomar decisiones. Sin duda, agrega mayor experiencia a nuestra trayectoria y nos genera una convicción mayor al tener más y mejor información.

Por otro lado, los estudios no solo deben limitarse formalmente. Puedes estudiar desde tu casa, haciendo tus propias conclusiones, estableciendo nuevos patrones de vida, y logrando aplicar nuevas técnicas en todo lo que emprendas en la vida.

Recuerda que no todo está dicho, y las grandes ideas parten de la curiosidad y de la capacidad de inventiva.

Esto, sin duda, ayuda a fortalecer nuestra mente.

Cuando aplicas hábitos claros en el fortalecimiento de tu mente, de seguro esa motivación, esos sueños y esas metas, serán realidad. No serán parte de una fantasía, al contrario, tu entorno comenzará a admirarte por tus logros y serás guía en el camino para todos aquellos que te observan.

Si te permites desarrollar tu mente, tendrás la fuerza necesaria para confrontar cualquier eventualidad. De eso se trata la autodisciplina, de permitirte salir airoso ante cualquier eventualidad que se presente.

Nadie puede abstenerse que la vida es un conjunto de pruebas, y si esas pruebas no son superadas, se presentarán en otras circunstancias y quizás bajo otra figura.

Pero, solo la fuerza de un temperamento sólido y fundamentado en la disciplina, es lo que te permitirá superarte y crecer como individuo.

Reconocer tus triunfos.

Un aspecto clave en el crecimiento y en el desarrollo de la disciplina, radica en el reconocimiento de los triunfos, pues ellos te permitirán identificar tu crecimiento, en medio de tu proyección como mejor persona.

Si reconoces tus triunfos, entonces, es importante que también reconozcas lo que no has logrado.

No podemos seguir en el camino del crecimiento si antes no sabemos cuáles son nuestros puntos fuertes, y esos se determinan en el momento de una lucha o alguna experiencia específica.

Por ejemplo, cuando un jugador de baloncesto disputa un juego, él sabe cuáles fueron sus ventajas durante la confrontación, las aprovechó y las capitalizó en ataque o en defensa.

Pero, de igual manera entendió, luego de reflexionar, dónde estuvieron sus fallas.

La vida es así. Cuando vamos a disputar algo, entendemos que tenemos puntos débiles, pero también puntos fuertes, y aprender de ellos, es lo que permitirá el siguiente triunfo. No lograrlo incidirá en tu rendimiento.

Sea cual sea el resultado, en ambos escenarios aprenderás, adquirirás experiencia, y será un triunfo para todos los relacionados.

No podemos andar por la vida sin entender qué es lo que nos ha permitido seguir adelante. Es posible que no te detengas a meditar en esas batallas que libras a diario en el hogar, el trabajo o en la calle. Tienes que fortalecerte en el poder de tus habilidades para que tus metas lleguen, o por lo menos, despejar el ambiente para que el camino esté aplanado en el futuro cercano.

Pero, hay aspectos que no consideras una victoria, y por ello te invito a que hagas un repaso de todo aquello que te ha permitido seguir adelante.

Entre algunas victorias que deben ser celebradas y reconocidas, tenemos:

1. Emprender un nuevo proyecto de trabajo

Sin duda, es uno de los aspectos más relacionados con el triunfo en la edad adulta, pues un buen cargo reviste la responsabilidad de hacer las cosas bien. Pero, ¿qué sucede cuando no somos capaces de identificar esas pequeñas escaladas durante años de servicio? vives en una rutina sin aspiraciones, porque no te das cuenta de cuánto te has superado, y lo más interesante, tus jefes se han dado cuenta, pero es un secreto público.

Entonces, cuando eres capaz de identificar tu crecimiento laboral, tu autoestima crece, cobras seguridad, y esa imagen de persona del montón, ahora pasa a liderar un grupo de personas. Sus opiniones son escuchadas y, entonces, tarde o temprano, vendrá el ascenso, el aumento salarial, o te sentirás con la fortaleza suficiente para emprender tu propio camino.

Ya sea porque alguien se ha fijado en ti, o porque decidiste tomar la iniciativa; nuevas ideas de independencia laboral comienzan a surfear en tu mente.

Crece una visión, cobra fuerza, inicias tu lucha virtual para llevar ese sueño a la realidad, y entiendes que tienes la capacidad para lograrlo.

Es así como de la noche a la mañana, el joven que era un empleado de línea media en una empresa, termina por arrancar su emprendimiento ante la mirada de asombro de muchos, pues al final del camino, son tus aspiraciones y tus logros los que te permitirán avanzar en la vida.

Y cuando fue un secreto público, ahora eres un seguro ejemplo a seguir en la sociedad, pues te atreviste a lograrlo.

Muchas personas permanecen en el anonimato pues no se atreven a celebrar sus triunfos. Una meta dentro de la empresa es un triunfo, ser el mejor empleado es un triunfo, mantenerte por más de 10 años en una institución escalando posiciones, también es un triunfo. Ser el mejor en lo que haces es otro logro importante.

Pero, mejor aún, si en tu puesto de trabajo te tiene como el amo y jefe de lo que haces. Es decir, tú eres un emprendedor que en tu área lo haces muy bien. Entonces, no significa que seas un vanidoso si te atreves a celebrar con tus seres cercanos lo que has logrado en la vida.

No esperes que otros celebren el resultado del esfuerzo laboral. Hazlo, es parte del crecimiento, pues eso te permite empoderarte en una sociedad que es más reñida por la búsqueda de personal calificado.

Además, es una forma de motivarte a seguir, y de recordarte todo el camino que recorriste para llegar al lugar en el que estás en la actualidad.

2. Lograr tener un momento emotivo con tu familia.
Parece algo increíble, pero es otra de las razones que deben celebrarse.

¿Sabes cuán difícil es tener momentos de felicidad en el seno de tu familia? Quizás, en tu hogar es muy frecuente, por lo cual te felicito. Pero en muchos hogares del mundo las distancias en la familia cada vez son más grandes.

Muchos factores afectan la relación de pareja, de padre con los hijos y claro, entre hermanos. Sin olvidar que los padres son dejados a un lado.

Muchos hijos, al crear su propia familia, desmeritan el esfuerzo que hicieron sus padres, y eso genera una grave depresión en ellos, al punto en el que prefieren vivir ignorados por el mundo.

Pero, cuando logras en tu familia esa conexión que supera el promedio, cuando logras esos momentos con tus hijos, con tus padres y con tu pareja, pues es una razón más que suficiente para celebrar.

El mundo moderno tiene muchos elementos distractores. Los hijos son cada vez más frívolos en la relación con los padres, pero, ¿cuántos pasos has dado para que tu hijo no vea esa barrera delante de ti?

Es por ello que es necesario dedicar tiempo a la familia. Quererlos no es solo llevar el sustento para el alimento o proveer vivienda. Y con esa tesis, poco a poco, las relaciones se van congelando.

Quizás con tu pareja es un poco distinto debido a que duermen juntos y existe ese espacio para conversar. Pero no puedes olvidar la importancia de compartir en familia.

A fin de cuentas, eso también aporta felicidad.

Por ello, si hay momentos emotivos en tu familia, deben ser celebrados y valorados por el contenido y la satisfacción que generan. No olvides que los seres humanos somos emociones, y si en el hogar tus sentimientos son fuertes, entonces es un lazo que servirá de motivación constante en tu familia.

Hemos escuchado del contenido de calidad en la redacción de libros o guías de crecimiento. Pero quiero explicarte que en el hogar es necesario tener un momento de calidad. Ese que es capaz de generar un "te quiero mucho" sin la obligación fingida con la que lo hacemos a veces.

Esos "te quiero" que nacen del corazón, de manera improvisada, en el momento menos esperado, son los que más causan un efecto reconfortante.

Es tan importante reconocer esos momentos que, al día de hoy, mucho del desmembramiento de la sociedad se debe a la desintegración de la familia.

Y sí, suena muy cliché, pero la familia es la base de la sociedad.

Una persona con autodisciplina, en el fondo de su corazón, más allá de una razón de lucha y en muchos de los casos, tiene una razón que nace del seno de su hogar.

Sí, grandes emprendedores lucharon, cayeron y se levantaron, pues querían ver felices a los integrantes de sus hogares. Por ello, debes busca la forma de elevar esa afinidad intrafamiliar.

Si lo lograste, hay que mantenerlo, y si lo mantienes, hay que celebrarlo.

3. Lograste concluir un trabajo importante.

Luego de un tiempo, concluiste una tarea importante que te fue asignada, y salió a la perfección, justo como se esperaba. Entonces, es una razón para celebrar y en grande.

De igual forma, esos triunfos, al final, son ganancias que suman a tu experiencia. Aunque, no todo se refiere al campo laboral. Algunas personas se autoimponen tareas que son muy importantes dentro de su vida académica, y eso también genera satisfacción, pues es un logro.

Los logros deben recibir el mérito necesario, para que generen en ti el placer de haberlo cumplido.

Un informe importante dentro del trabajo resulta necesario. O, quizás, terminar de armar el motor de tu auto.

Muchas personas hacen tareas en su hogar y lo toman como un entretenimiento y, al concluirlos, lo toman con mucha alegría. Es otro motivo para celebrar.

De igual forma, aquellos que se preparan académicamente tienen un momento de celebración con la entrega de un trabajo final o con la conclusión de un periodo escolar.

La vida se trata de disfrutar los pequeños momentos que te generen satisfacción, y cuando mires atrás, y hagas un inventario de todos tus logros, sentirás la seguridad de que puedes alcanzar más.

4. Lograste superar un temor en tu vida.

Quizás, muchos de nosotros tenemos pequeños traumas que nos impiden ser mejores personas, pero si te esfuerzas en enfrentar esos miedos, al final de ese periodo, será un logro muy sustancial.

Por ejemplo, María es una excelente arquitecta, pero tiene un gran miedo de expresarse ante el público. Es imposible verla exponer sus ideas ante un grupo de personas.

Esto es lo que llamaríamos "miedo escénico". Sin embargo, ella se ha propuesto vencerlo, y se ha dedicado durante varios meses a hacer un curso de preparación para, así, convertirse en una profesional más integral.

Sus compañeros de curso la ayudan y le brindan la seguridad necesaria para que ella pueda crecer en su desenvolvimiento delante de un público.

Finalmente, ha concluido su preparación, por lo que ahora será necesario aplicar todo ese conocimiento en una exposición donde defenderá un proyecto para la firma con quien trabaja.

Expone con firmeza, sus ideas son seguras, no hay titubeos, y además genera risas entre los presentes. Sabe que es la estrella del momento, y ya entendió que ha vencido su miedo.

Al parecer es algo muy básico, pero es un logro muy importante, y por ello lo celebra con sus amigas y compañeros de trabajo. Entiende que es un paso en su ascenso profesional.

Muchos de nosotros aprendemos algo muy importante a mitad de nuestras vidas, y son detalles que deben ser compartidos y celebrados con alegría. No puedes privarte de la idea solo porque parece ser algo "normal" y no tan significativo. Celébralo y disfruta el momento.

Si detallas los últimos puntos, de seguro te has preguntado, ¿cómo puedo desarrollar mi autodisciplina mediante la celebración de los logros?

Parece algo efímero, pero en realidad tienen una gran relevancia en el establecimiento de las metas, pues las celebraciones de los logros adquieren importancia cuando te permiten darte cuenta del cambio realizado.

Cuando, desde tu ser interno, analizas todo lo recorrido, tendrás mejor autoestima y verás la vida con mayor compromiso, porque sabes que el esfuerzo tiene su recompensa.

Algo muy importante. Cuando te das cuenta que conseguiste la victoria, un triunfo reconforta. Pero, también una derrota puede significar un aprendizaje, que no genera el mismo placer, pero que, si la meditas detalladamente, proporciona un mayor conocimiento.

Muchos emprendedores pasaron por serias derrotas en su vida, y no fue hasta que cayeron hasta el fondo, cuando sacaron fuerza, se motivaron, y aprendieron de las derrotas.

Debes identificar el justo momento cuando en un punto de reflexión, la mente se ha hecho tan fuerte, que serás capaz de darle vuelta a todo y, desde entonces, tu vida tendrá un enfoque distinto, te sentirás diferente, y esto será posible porque habrás afinado ese sentido para los triunfos.

Eres una persona sabia y lo sabes.

El otro lado

Es por esto que el aspecto de la derrota no puede verse como la decadencia del individuo, ni la extinción de un proyecto. Es la unión de todos los anillos necesarios en tu vida para poder llegar al triunfo anhelado.

Un muy popular equipo de béisbol en Estados Unidos, los Astros de Houston, tocaron fondo, siendo los peores durante varias temporadas. Sin embargo, durante ese periodo, fueron agregando buenos novatos y, tras varios años de récord negativo, finalmente llegaron a la élite de los mejores equipos.

Pues, justo así es nuestra vida. ¿Cómo podemos aprender de los triunfos si no hemos logrado alguno en nuestra vida, o por lo menos alguno sustancial?

De seguro te preguntas eso, pero cada derrota te permite forjar tu carácter. Cada golpe de la vida te convierte en un individuo, enfocado cada vez más a lo que ves en tu futuro. Es entonces cuando das ese salto al "estrellato" y te conviertes en alguien distinto, que ha adquirido mucha experiencia.

Hay un caso muy particular de un político de Estados Unidos. Hablamos de Abraham Lincoln. Antes de llegar a ser presidente, tuvo un largo camino que recorrer. De hecho, haciendo un balance de su vida, tuvo más derrotas que victorias, pero logró dos cosas muy importantes en ese periodo de la historia: firmó el decreto de abolición de la esclavitud y logró la verdadera unión de toda la nación luego de la Guerra Civil.

A decir la verdad, la Guerra Civil fue un capítulo oscuro en la historia de los Estados Unidos, con muchas pérdidas humanas. Luego de esto, se consolidó el proyecto de la unión para, así, convertirse en una potencia mundial.

Muchos políticos sabían del costo de la guerra. francamente, no hubo victoria, solo que el país tuvo que recorrer todo ese camino para entender cuál es la fortaleza de la nación: Unidad.

Cómo Lincoln, muchos de nosotros estamos en un momento muy pantanoso, oscuro, sin dirección, a veces con muchas derrotas, y es necesario sacar fuerzas para vencer la depresión que se desarrolla luego de una amarga derrota.

Es fácil celebrar en lo triunfos, pero, ¿serías capaz de celebrar luego de una derrota? Tu fortaleza será entender el valor que conlleva.

No es nada fácil, pero es necesario para que puedas seguir avanzando. Es muy probable que, tras un periodo oscuro, te hayas convertido en alguien fuerte, tus convicciones sean más sólidas y, es solo en ese instante, en el que determinas que es hora de que el mundo conozca tu valor y el concepto de éxito desde tu punto de vista.

Conserva el equilibrio total:

El equilibrio total se refiere a la armonía que debemos tener cada uno de nosotros para poder enfrentar los desafíos de la vida.

Para desarrollar la autodisciplina es necesario que tus emociones, tu capacidad, tu ímpetu y tus fuerzas, en general, mantengan un equilibrio para las batallas a venir.

Sólo por mencionar un claro ejemplo: si trabajas demasiado, te sentirás agotado, y si descansas demasiado, retrasaras muchos compromisos.

En la vida todo se trata de establecer un equilibrio entre todo lo que nos rodea, de manera que poseas el mínimo común, para cada uno de los retos que tienes por delante.

Otro factor muy importante en las personas es dejar ir y aceptar.

Son dos principios fundamentales en una vida auto disciplinada.

Dejar ir hace referencia al poder para desprenderse de aquello que ya es una carga, por lo que tienes otros objetivos.

Puede ser una carga emotiva, alguna relación, un mal hábito o algo en tu vida que trae recuerdos de los cuales no deseas desprenderte. Puede constituirse como un estorbo en tu salud, pero es necesario que tomes la fuerza requerida para dejar atrás lo que ya no te conviene.

Dejar ir es decir "NO", es negarse a sufrir, es iniciar un nuevo periodo en la vida, es también reconocer que ya no puedes más, pero que es un paso más para ser mejor individuo, mejor padre, mejor hijo, mejor pareja o mejor trabajador.

Quizás una de las cosas más complejas para nosotros, los seres humanos, es el apego. Hay algunos aspectos de nuestra vida que la verdad no generan nada y que solo son una carga que puede estropear el futuro.

Otro elemento dentro de la paradójica decisión de "dejar ir" se engloba al hecho de salir de la vida de manera fácil, sin dejar la zona de confort. Sabes que ese estilo de vida es muy cómodo, pero no te permite ir adelante en nada, sino que, por el contrario, estanca tu desarrollo.

Nadie puede aspirar a algo en la vida sin esperar problemas o sin tener que renunciar a cosas innecesarias.

Un político me dijo en una ocasión, "a veces perdiendo se gana"

Sin duda, requieres dejar ir esa zona de confort que te hace la vida fácil, pero no es lo necesario para alcanzar el éxito.

Muchos empresarios exitosos, en algún punto de su vida, se vieron obligados en vender todo lo que tenían para comenzar de cero, pues vieron una gran oportunidad.

Otros dejaron su tierra para adentrarse en culturas distintas, pero con el anhelo de cumplir una gran meta en sus vidas. Y es así, un equilibrio entre decisiones acertadas y otras erróneas, pero en la que solo depende de ti saber cuál es la indicada.

Por otro lado, está "aceptar", que no solo se refiere al hecho de asimilar una pérdida, sino también al hecho de "dejar entrar" a algo o a alguien.

En este punto quiero hacer énfasis, pues muchos tienen una vida tranquila, sin mayores inconvenientes. Sin embargo, hay quienes tienen ese gran deseo de crecer y, en el fondo, saben lo que tienen que hacer, pero no aceptan la realidad.

Cuando hay negación, sencillamente estamos condenados a ser personas sin incidencia en la vida de nadie. Si quieres trascender, tendrás que sacar un momento para la aceptación, y para dar ese paso que te transformará en una persona con otro tipo de nivel intelectual.

Pero, actitudes como el orgullo, la negación, el querer permanecer pasivos, entre otros, evitan que adquieras la valentía necesaria.

Quizás muchos de los grandes emprendedores que conocemos pudieron tener una vida muy tranquila, pero tomaron la decisión y dieron el paso que revolucionó todo. En otros casos, analizaron que el triunfo solo llegaría con la ayuda de alguien más o de un equipo completo.

Seguro llegará ese momento en tu vida. Y, en ese instante, entenderás a lo que me refiero.

El punto esencial se encuentra en la siguiente pregunta, *¿quién quieres ser en la vida?*

Capítulo 6: Rodéate del tipo de persona que te gustaría ser

La vida es un conjunto de individuos que viven en la sociedad, y una sociedad es una relación en donde las partes convienen a tener ganancias iguales, o por lo menos, hay un valor agregado en la relación que bien puede ser emocional, social o económica.

Pero, en el caso de la sociedad, cada individuo vive en su conjunto como parte de un todo; al día de hoy, gracias al avance de las comunicaciones y el avance de las redes sociales, se habla mucho de la red global.

Y es que literalmente vivimos en un conjunto, y lo que antes era una relación a distancia, puede ser acortado por la tecnología.

Es probable que tengas un gran amigo que se ha ido a otro país, pero es como si aún estuviese cerca de ti, pues todos los días se comunican y expresan mutuamente sus inquietudes.

Lo cierto es, que cada vez tenemos más influencia de los que nos rodean, al punto en el que muchos patrones conductuales de grandes celebridades son copiados por millones de personas en el mundo.

Quiero partir de una premisa para entender a profundidad el tema.

"Dime con quién andas y te diré quién eres"

Es una expresión muy vieja, tanto así, que en Europa fue de uso común, al punto de influenciar a Miguel de Cervantes de plasmarlo en "Don Quijote de la Mancha". Es una expresión con profundas raíces culturales.

Muchos de nuestros padres lo llegaron a decir cuando veían que teníamos alguna amistad que, a su juicio, no era conveniente para nosotros. Es así como era una exhortación a escoger muy bien el entorno de amistades que permitiéramos a nuestro alrededor.

Generalmente, quienes nos rodean, terminan por influir en nuestros mejores amigos, aunque no siempre. Ahora, con las redes sociales, puede surgir alguna amistad de la interacción que tengamos.

Sin duda, es el campo laboral, los vecinos o los espacios recreativos que compartimos, los que nos permiten seleccionar nuestro grupo de amistades.

¿Y por qué comienzo con las amistades? Un amigo tiene más influencia, incluso que nuestros padres. De hecho, en muchos casos, nuestro futuro gira alrededor de ese grupo selecto.

Por ejemplo, tu esposo o esposa se encuentra en ese círculo primario de amistades o, por lo menos, es casi tan cercano. Tus hijos terminan compartiendo con los de tus amigos. O, quizá, muchos empleos son recomendados por un amigo.

Como verás, esas grandes decisiones tienen cierta influencia de las personas con quienes pasamos más tiempo porque, puede suponerse, que son tus amigos más cercanos.

Pero, ¿es la familia el primer círculo de influencia? De hecho, muchas de nuestras decisiones surgen por las consecuencias de las disposiciones que se toman en el hogar. Por lo tanto, partiendo desde la casa, es allí donde se consuman nuestros primeros triunfos o derrotas.

Además de ello, en muchos casos, decidimos estudiar una carrera por la referencia que tenemos de nuestros padres o, en su defecto, de algún tío o hermano mayor.

Conozco muchas familias donde hay varios abogados, o varios médicos, policías, o ingenieros. Pues, además, siguen una especie de tradición, sobre todo si hay un negocio familiar de por medio.

También es cierto que muchas personas no logran ser profesionales o aprender lo que desean en la vida por la terrible situación moral o económica en la cual crecen.

Es cierto que nadie determina quién eres, pero eso influye en tu percepción de la vida. Muchos maleantes terminan siéndolo, pues varios miembros de la familia forman parte de una banda. Otros, dada la zona donde viven, sienten la atracción de hacer lo malo como consecuencia del grupo social y, para ser aceptado, requiere seguir ciertos patrones negativos.

Otro aspecto clave es la moral. Resulta que cada grupo social tiene un concepto de la moral, y muchos niños crecen en un entorno donde lo ilegal termina siendo tan común, que no hay noción entre lo bueno y lo malo. Es así como la noción entre el bien y el mal no está claramente determinada.

Tanto Sigmund Freud, como otros investigadores, explicaron en sus teorías que estamos seriamente "marcados" por nuestro entorno. De hecho, un ejercicio práctico te dirá que es así.

Cuando emigras a otra región, con los meses, te darás cuenta de cómo la cultura influye en ti, y hasta el acento de la zona termina por dominarte. Incluso, terminas por cambiar tus expresiones faciales y tu forma de alimentarte.

Claro, en el tema de las decisiones es algo más complejo, entonces es importante que decidas ese entorno.

Por ejemplo, cuando estuve en la universidad, por un tiempo, mi nivel de superación dependía de quienes me rodeaban, y me hacía más fuerte o disciplinado en función de ese grupo, con quien cursaba algunas cátedras.

Poco a poco, terminé formando grupo con dos chicas geniales, quienes marcaron mucho de mi carácter profesional. Al día de hoy, todavía aplico muchas de sus metodologías de organización.

Además de ello, cuando veía sus calificaciones, y al saber que eran un poco mejor a las mías; pues entendía que debía mejorar, para estar a la par de ellas dos.

Existe, sin embargo, otro tipo de influencia y es la que escoges por tu cuenta, que nadie la determina. Tú mismo decidiste hacerlo pues sabías que en ese entorno conseguirías lo que deseabas. No se trata de interés, se trata de aspirar. No puedes culparte por tener una ambición a ser exitoso.

Se dice que, en promedio, tenemos muchas características de las 5 personas con quienes más nos relacionamos. Increíble. Sería interesante hacer un ejercicio al respecto para que analices quiénes son esas cinco personas con quien más te relacionas en tu actualidad.

Las personas que más influyen en tu   camino al éxito

Partiendo de la premisa del círculo de personas que nos rodea, veamos cuáles son las más cercanas, que regularmente, influyen en nuestro comportamiento y en el logro de nuestras metas.

1. **Adversarios:** Sin duda, son los rivales los que nos impulsan a conseguir retos mayores. Desde aquel niño en la primaria a quien querías superar en las competencias de educación física, hasta aquellos que tenían notas extraordinarias.

Siempre, en la vida, buscamos un referente para tomar como ejemplo a seguir. Claro que, en la etapa escolar, buscamos ser como los más populares, pues generan esa admiración tan particular en las instituciones educativas.

Con seguridad, existía en tu aula de clases, o en el colegio, ese alguien a quien siempre decidiste seguir. Y, si eras el líder, tenías por meta ser como alguien de tu pasado o, sencillamente, las historias de tus padres eran el referencial.

Los seres humanos tenemos ese espíritu de competencia innato. Siempre buscamos ser mejores que alguien, y si no podemos, establecemos un equipo, y un plan, para superar a ese individuo.

Era muy regular que, durante la escuela, formaras equipo con personas inteligentes. Si eres uno de ellos, seguramente buscabas fortalecer aquellos puntos que considerabas débiles.

Recuerdo muy bien cuando un profesor en primaria nos asignó realizar una maqueta o pequeño plano de algo que queríamos construir, o deseábamos ver en nuestra ciudad.

Reconocía que no era el mejor en esas cosas y, por lo tanto, busqué unirme a un grupo con creatividad.

El resultado: construimos la visión que teníamos de cómo podía ser el sistema de metro en nuestra ciudad.

Por mi cuenta no lo hubiese logrado, pero en mi curso académico siempre me propuse estar entre los mejores.

Ya, en el trabajo, las cosas se ponen un poco más complicadas, lo cual es positivo, pues eso te exige a ser una mejor persona, identificándote con todos los aspectos que te permitan distinguir hasta dónde puedes llegar.

Cuando tenemos ese tipo de retos en nuestras vidas, es muy probable que experimentemos el crecimiento, y a su vez, nos obligamos a ser mejores cada día.

Ese reto es el que nos permite desarrollar nuestra disciplina y convertirnos en seres distintos. Por ello, eventualmente, debes hacer un seguimiento de tus logros. Y en ese instante analizar las razones de ese cambio.

Estimo que cuando en nuestro trabajo hay profesionales excepcionales, ello nos permitirá ser mejores personas. Por la influencia, por la dedicación, y por las experiencias que escuchamos de ellos.

Claro, en muchas situaciones, hay compañeros de trabajo que son muy recelosos con su labor, y en muy pocas ocasiones revelan sus secretos. Queda de tu parte hacer un análisis hasta dar con la clave.

De igual modo, puede existir alguien en el vecindario del cual sentimos gran admiración, y más que un rival, lo vemos como a alguien a quien emular.

Queremos superar sus logros y tenemos metas establecidas para alcanzar esos logros. A veces raya en la envidia, pero tenemos que entender que son sentimientos naturales que, cuando son bien canalizados, dan grandes resultados.

2. **Amigos**: Y sí, siempre los amigos. Ellos nos indican, de una forma u otra, el camino a seguir en la vida. Sea por su influencia, porque nos recomendaron ir a un lugar, o porque simplemente queremos ser como ellos.

Quizás, después de la pareja, son los individuos que tienen mayor impacto en la percepción que tenemos de la vida. Si eres una persona con autodisciplina desarrollada, es posible que sólo consideres algunas cosas de tu entorno de amistad.

Por eso, es importante que analices muy bien qué tipo de amigos quieres tener y, debes evaluar con suma sinceridad, cuáles son los beneficios que puedes obtener. Porque, de la misma manera, se identifican los prejuicios. Así como un amigo puede ser vital en el éxito de tu vida, también es cierto que puede ser letal.

Y eso se debe a que, en honor a la amistad, terminamos incurriendo en decisiones que cambian nuestra vida, para bien o para mal.

Suena severo decirlo, pero debes escoger muy bien tus amistades.

Un caso muy llamativo es el de las empresas nuevas que han surgido en los últimos años. En gran medida, esos emprendimientos resultan del círculo de amistades que se tienen. Es así como grandes emprendedores se rodearon de amigos que tenían sueños parecidos.

Quiero traer como ejemplo a la empresa Pompeii, una empresa española que nace de la idea de cuatro amigos que se unieron en el mundo de la confección de zapatillas, sin tener la menor idea del mercado.

Jaime, uno de los amigos que cuenta la historia, explica en sus exposiciones que, un día, estaban reunidos sus compañeros, y entendieron que el mundo de la moda tenía mucho potencial. Luego de descartar la ropa o las gafas, se decidieron por los zapatos. Con un capital de 18 mil euros y sin ninguna idea de cómo comenzar, solo decidieron escribir en Google "cómo hacer zapatillas".

La verdad, suena muy gracioso todo, pero fue la manera en cómo ellos entendieron que podían entrar en el mundo que aspiraban.

Luego de ubicar personas que confeccionaban zapatos en España, lograron hacer su primer lote de 350 pares.

Ahora, la pregunta era ¿dónde y cómo venderlos?

Sin duda, con el auge de las redes sociales, vieron en Instagram y en Facebook una forma masiva de entrar al mercado.

En su primera venta, lograron vender todo su stock, y así empezó la historia de una de las empresas de zapatillas más famosas en redes sociales.

Comenzó como un sueño entre amigos y, de la misma manera, nacieron grandes emprendimientos en el mundo.

Aunque Pompeii aún no ha despegado, y apenas estemos viendo la punta del iceberg, al día de hoy fabrican 100 mil zapatillas. Nada mal para unos chicos que no sabían nada del mundo de la confección.

Es vital aprender a conocer y a determinar tu entorno de amistades.

Muchos no prestamos atención, pero, a veces, por cosas de la vida, aparecen grandes opciones de las cuáles no tenemos ni la menor idea. Sólo aparecen, pero representan algo muy importante para nuestro futuro.

Esas opciones están en el círculo de amistades que hemos seleccionado. Solo resta de tu parte que tomes las acciones necesarias para seguir creciendo en tu vida. Quizás puedas encontrar algún inversionista o a alguien que quiera proyectar, o darle forma, a tu idea. Son solo algunas de las opciones que son válidas para poner sobre la mesa.

Por otro lado, también es necesario hacer un seguimiento de esas personas a quienes consideras tus "amigos" pues, sencillamente, a veces no son lo que esperabas y puedes meterte en líos diferentes.

Toda relación social debe ser evaluada y, sonará frío lo que te diré, pero, a veces, hay "amistades" que en nada ayudan a tu progreso, sea personal, laboral o en el logro de tus aspiraciones.

3. **Parejas**: cuando eres adulto, comienzas a tomar decisiones de manera individual; muchas de esas decisiones dependen en gran medida de la experiencia, mucha o poca, que hayas tenido durante tu adolescencia o lo que aprendiste de tus padres.

Sin embargo, hay un nuevo factor que determina gran parte de nuestras decisiones, y nos referimos a la pareja. Esa persona que has permitido que entre en tu vida. Una nueva perspectiva comienza a florecer y, ello se debe, a que mucha de la nueva influencia que recibes provenga de esa persona.

El saber si es la pareja ideal o no, lo puedes saber solo tú, pero, lo único cierto y certero, es que su ayuda será vital en la formación de una autodisciplina en tu desarrollo.

También es cierto que el amor no tiene que ver en nada con la razón, pues tiene otros aspectos más bioquímicos que racionales. Pero, sí es cierto, que nos comenzamos a fijar en personas que tienen un atractivo especial, más allá de lo físico.

Te decía, en el punto de las amistades, que en muchas ocasiones tu futura pareja puede venir de ese entorno, y ello se debe a que comenzamos a observar, a compartir y a tener experiencias bonitas con alguien en especial.

Es decir, grandes relaciones surgen del trato que va creciendo y emergiendo de un nexo de amistad y, al mismo tiempo, de un interés en común.

Puede ser el gusto por algún deporte, alguna práctica recreativa, estudios, amigos en común, y así sucesivamente. Lo cierto es, que conoces a esa persona con quien decides iniciar nuevos proyectos, una nueva vida y un nuevo rumbo.

Tan fundamental resulta ser, que en muchas ocasiones terminamos distanciándonos de las personas que tenían mayor influencia sobre nosotros, nos referimos a los padres. Aunque, es parte del ciclo de la vida.

En tal sentido, debes elegir muy bien con quien piensas compartir tu vida. No olvides que mucho de tu éxito dependerá de esa compañía.

Además, muchas historias nos terminan por enseñar que hay excelentes parejas con quienes terminas estableciendo un mejor futuro, y con quienes consigues una ruta hacia al plan que esperas cumplir.

No hay una regla para saber cómo es la persona idónea, ni tampoco hay un manual al respecto. Y, por muchos libros y enseñanzas alrededor del amor, la verdad es que no hay una regla escrita.

Solo debo decirte algo con la mayor responsabilidad que amerita el caso: esa persona debe ser alguien con quien sientas que estás creciendo en la vida. No necesariamente en todas tus facetas, pero debes tener muy claro que comparte tu misma visión.

4. **Mentores**: en la vida, suelen surgir mentores o maestros que nos hacen crecer en todos nuestros aspectos, a tal punto, en el que se constituyen como guías profesionales, sin así planearlo.

Ese tipo de personas nos explican una ruta para llegar más rápido hacia el éxito. Esos mentores aparecen a lo largo de todo el trayecto de la vida y están involucrados en cada uno de nuestros aspectos. Son como ángeles en el camino. Y si bien es cierto, no serán los mejores, pero sí lo necesario como para ser un punto de apoyo cuando más lo necesitamos.

Claro, ellos no son responsables de nuestro éxito, y tampoco de nuestra derrota, pero son individuos que aparecen en la vida para aconsejarnos.

El valor de un consejo es más grande de lo que muchos usualmente estimamos, así que cuando una persona tiene la gentileza de darnos uno, no hay que rechazarlo, sólo escucharlo.

En el mundo moderno, se habla del **mentoring**, como la forma de conseguir mentores que nos ayuden a tomar decisiones, o en su defecto, a mirar mejor el futuro, ante las diversas decisiones.

Son muchos los casos de mentores que aparecen en la vida de las personas, pues no solo ayudan a clarificar las cosas, sino que son fuentes de sabiduría y, sobre todo, nos inspiran.

Son tan fundamentales en la vida de las personas, que logran cambiar la visión de lo que entendían hasta ese momento, y ello se debe, en gran medida, a la experiencia que han adquirido.

Y es que los mentores se vuelven grandes por todo el camino que han recorrido y, en base a triunfos y fracasos, logran adquirir una visión clara de la vida.

Todos hemos escuchado la historia de Martin Luther King. Es una de las personas con mayor influencia en el mundo. Fue forjado en medio de una versión racista de los Estados Unidos, sobre todo en el sur y el centro del país. Sus acciones marcaron un antes y un después, para poner fin a la segregación racial en la nación.

Pero, Luther King encontró en alguien un perfecto mentor. Hablamos del profesor Benjamin Mays, un catedrático de larga trayectoria académica, y luchador en contra del racismo.

Mays se encargó de moldear en el joven Martin un espíritu y unos principios sólidos. De hecho, algunas de las grandes decisiones de Luther King debieron pasar por el consejo de Mays.

Para Benjamin Mays fue un episodio muy triste tener que dirigir las palabras en el funeral de Martin Luther King.

Es, sin duda, un ejemplo de lo que puede ser un mentor. Por eso, asesorarte hacia el camino del éxito, hacia el cumplimiento de tus sueños y hacia el logro de las metas, es importante. Ellos hacen de ti un mejor individuo, y potencian la autodisciplina que va creciendo en ti, como la llave que te permitirá abrir la puerta del triunfo.

Capítulo 7: Hábitos

Los hábitos son acciones que vamos asimilando y que, dado el tiempo de practicadas, se arraigan en nuestras vidas de forma sistemática. Por así decirlo, se convierten en una acción que, sin medirla, o programarla, simplemente se ejecuta.

En la psicología conductual, un hábito es aquella conducta que predispone a un sujeto a realizar de manera perfecta alguna actividad.

Los hábitos pueden ser buenos o malos, y constituyen la base de muchas empresas, para lograr una productividad efectiva y en masa.

El mismo Aristóteles define que los hábitos pueden ser como una reacción frente a un hecho y que, sin la necesidad de pensarlo mucho, solo sucede.

Partiendo del hecho de que nadie nace con un hábito, los mismos son adquiridos con el pasar del tiempo, para que el gasto mental o físico sea mucho menor.

Al nacer un niño, lo primero que pide es que lo alimenten. Por ello, es acercado al seno de la progenitora para que vaya aprendiendo cómo alimentarse. Luego de un tiempo, ya el niño reconoce olores, la piel y hasta la posición para saber que le alimentarán.

Es uno de los hábitos más conocidos, y así, el ser humano va desarrollando todo con actitudes que se convierten en acciones rápidas, de modo automático.

Cuando somos niños, muchas acciones las aprendemos por imposición de los padres y, con el pasar del tiempo, llegan a constituirse como respuestas naturales.

Es por ello que cuando afianzan en nosotros los hábitos de cordialidad, tales como: saludar, dar los buenos días y ofrecer disculpas; estos, pese a que al principio eran algo incómodos, con el tiempo se convierten en un hábito.

En este caso, son los hábitos los que evidencian la buena educación, el respeto y los buenos modales. Pero, otras acciones más complejas, requieren de una práctica constante y de pasar por mucho "ensayo y error", hasta que, finalmente, ya es muy fácil para nosotros.

Otro ejemplo es manejar bicicleta. Al principio es tan difícil, que solo con ruedas de apoyo lo podíamos hacer. Sin embargo, con el pasar del tiempo vamos aprendiendo para que, eventualmente, tomemos el control con el volante.

Lo mismo ocurre con un sinfín de actividades, pero en nuestro objeto de estudio, queremos establecer aquellos hábitos que serán fundamentales en la concreción de un carácter recio y seguro, para enfrentar los retos. Tanto con los momentos de fracaso, como con los triunfos.

Los hábitos son los eslabones en la consolidación de la autodisciplina.

Etimológicamente, un hábito es la manera de ser. Viene de "habitus" que tiene que ver con el vestido o con la apariencia física.

Por lo tanto, un hábito es la identificación externa de nuestro modo de vida. Es lo que nos distingue, o nos hace parecer, a otro individuo.

Así, el hábito representa la forma en cómo llevamos nuestra vida, por lo que repercute de manera directa en la formación de un ser auto disciplinado.

Pero, ¿cuánto puede demorar un hábito en establecerse en nuestras vidas como forma y actitud? Es una respuesta bastante compleja, pero todo depende del interés que tengas para poder aprender esa acción y que se convierta, así, en un estilo de vida.

Los humanos tenemos la posibilidad de renovarnos e incluir aprendizajes distintos en muchas etapas de nuestra vida, por lo tanto, todo dependerá de la actitud que tomemos frente a un hecho, para poder superarlo.

Hay muchas formas de aprender un hábito, pero quizás la repetición, el ensayo y error, entre otras técnicas, te permitirán agregar una nueva destreza en función del interés que tengas.

Cada individuo es distinto, pero todos pueden aprender algo nuevo, moldear su vida, y darle la forma que desea.

Por ejemplo, cuando alguien aprende técnicas de autodefensa; son tantas las prácticas que, al momento de aplicarlas, es posible que respondas con una facilidad que ni tú mismo creerás, y ello se debe a que ya es un hábito en tu vida.

Levantarse de mañana y extender las sábanas de tu cama, ir al baño y cepillarte, luego leer la prensa y tomar un café.

El día que no cumplas con ese patrón, de seguro te sentirás muy extraño. Y no es para menos, sobre todo cuando llevas haciéndolo durante unos 10 años.

Existen algunos hábitos que, la verdad, no interfieren para nada en nuestras vidas, no aportan, ni dejan un fundamento de amplios beneficios. Sin embargo, aquellos que sí son importantes, suelen convertirse en herramientas fundamentales que ayudan a alcanzar el éxito, y eso se debe a la persistencia.

El investigador y psicólogo William James dijo que la formación de los hábitos es el pilar fundamental en el desarrollo físico y mental, pero, además, estamos en un ciclo constante de cambios que permitirán una nueva corriente de pensamiento y, así, modificar el concepto de la vida misma.

James fue enfático en decir que toda nuestra vida es una masa de hábitos, que para bien o para mal, están ordenando de forma sistemática.

Siguiendo sobre el tema, el investigador también fue enfático en decir que sólo la práctica constante de actividades útiles es lo que nos permitirá avanzar y evitar que otros hábitos inútiles se infiltren en nuestra vida, creando prácticas nocivas como la procrastinación, el deseo de dejar las cosas a medias, postergar las metas, entre otras.

De tal forma, en nuestros primeros años de vida tenemos hábitos buenos o malos, y en la medida en que vamos creciendo, podemos determinar cuáles pueden seguir o no, en función de nuestra visión hacia el mundo.

Para muchos es un hábito tomar café de mañana, para otros no es necesario, aunque de igual forma lo consuman solo por presión y tendencia social.

Cómo adquirir hábitos en nuestras vidas

Los investigadores del conductismo, cuya base de estudio es la conducta del ser humano, han hecho mucho énfasis en que gran parte de nuestra percepción y nuestras decisiones en la vida, provienen de acciones que hemos aprendido con el pasar del tiempo.

Algunas conductas han sido enseñadas, otras han sido aprendidas, otras surgieron como una acción fortuita, pero que al final, terminan condicionando gran parte de nuestras decisiones.

Es por ello que William James, padre del conductismo, fue uno de los psicólogos con mayor énfasis en el tema de los hábitos en el ser humano.

Es muy interesante lo planteado por James, en cuanto a los cambios de conducta, haciendo énfasis en los hábitos.

En su estudio, explicó que los seres humanos tenemos una estructura suficientemente débil para permitir el avance de otras conductas que terminan por cambiar el rumbo del camino.

Imagina por un momento que tienes en tu vida la posibilidad de ser médico, pero de un momento a otro, decidiste cambiar de opinión, pues la influencia social te hizo entender que eras la persona perfecta para convertirte en un ingeniero.

Quizás no suene muy familiar, pero es un hecho muy común entre la juventud.

A esa capacidad de plasticidad se le denominó como "neuro plasticidad", la cual se refiere a que nuestros pensamientos, concepciones y visión que tenemos de la vida, cambian en función de una experiencia.

Es tanto así, que, para William James, hasta el cerebro cambia físicamente, modificando todo lo que era una verdad para nosotros. Pues hay un impacto que nos impresiona a tal punto, que somos capaces de cambiar todo lo que habíamos preservado como valioso.

En nuestros días, hay una proliferación enorme de creencias religiosas. Unas nuevas y otras que llegan al nivel de una secta, que se involucran tanto con el individuo, de manera que lo van haciendo cambiar, en la medida en la que va aprendiendo más y más de esos credos.

Entonces, en esos casos, comienza un nuevo "algoritmo" en la vida de la persona, de manera que reinicia completamente todo lo que había valorado como triunfo o como éxito.

Esa neuro plasticidad dependerá, en gran medida, de la experiencia que tenga la persona alrededor de un hecho en particular.

Hace algunos días, leía la impactante historia de Jet Li, el famoso actor, peleador de artes marciales, y considerado, en su momento, como el sucesor de Bruce Lee.

Parte de su historia gira en torno a su meteórico ascenso en el mundo de las artes marciales, llegando a tener exhibiciones ante el mismo presidente de los Estados Unidos, cuando apenas era un adolescente. Luego, inicia la carrera en el cine, constituyéndose como un ícono de las películas de ese estilo.

Teniendo una vida prolífica, con gran éxito, y con algunas metas aún por lograr, su vida cambió en unas vacaciones. Resulta que, durante el Tsunami en Indonesia, la familia Li estaba en una de las pequeñas islas.

Explica que todo fue tan repentino y, al ver que el agua venía, decidió correr con sus hijos. De no haber sido por la ayuda de otros sujetos que arriesgaron su vida, quizás hubiese fallecido.

El actor acepta que ese momento de la vida lo hizo cambiar para siempre, y comenzó a dedicarse más a las actividades filantrópicas, siendo embajador de la Cruz Roja en el mundo.

El tema es, que cada individuo es libre para tomar decisiones y generar cambios en su vida. De igual forma, debido a ese nivel de conciencia que surge tras un hecho, en muchas ocasiones, aprovechamos esa fuerza de motivación para cambiar aspectos de la vida que no aportan nada, partiendo desde la cosmovisión de cada persona.

Ahora bien, es necesario reflexionar por un instante, y determinar qué podemos hacer para reforzar nuestro camino al éxito, o replantearnos si lo que hacemos está bien o no.

La autodisciplina exige en tu vida patrones conductuales que te encaminen, de una vez por todas, al éxito anhelado. No puedes permitirte vivir estancado y sin aspiraciones. No olvides, cada minuto cuenta.

Hemos entendido todo hasta ahora, entonces debemos hacer un inventario de hábitos necesarios: ¿cuáles son los hábitos que generan crecimiento, los que perjudican y los que no representan nada?

Recuerda que, en la vida, es necesario dejar de lado toda aquella carga que no es necesaria, para obtener grandes resultados. Resulta vital que entendamos que para conseguir cosas "grandes", pues es necesario hacer modificaciones.

Partiendo de los estudios de William James tenemos como pasos básicos en el aprendizaje de los hábitos, los siguientes:

Estímulo Activador.

Acción

Recompensa.

Recuerda que, ese estímulo activador, es aquella acción que impacta en nuestra neuro inteligencia para tomar un nuevo rumbo. Puede ser una vivencia, alguna experiencia o algún mensaje.

A la final, cualquier elemento que motive nuevas acciones para tener mejores resultados.

Tan pronto como te sientas motivado, entonces es momento para emprender, tomar las acciones, decidir y no dejar de persistir.

Quizás lo más difícil es iniciar un nuevo hábito, pues a veces, solo a veces, significa romper paradigmas en nuestras vidas.

Ello significa que llevará un poco más de un tiempo y, por lo tanto, se requiere de una acción pronta, para evitar que algún prejuicio o algunas ansias de postergación, cambien nuestras decisiones.

¿Cómo adquirimos nuevos hábitos?

Primero que todo, vamos a hacerlo al estilo de la vieja escuela: instala en tu habitación, o en el sitio que más frecuentes, una cartelera con las metas de los hábitos que debes seguir. Toma tu libreta de anotaciones y escríbelos. Con seguridad, eso te permitirá comenzar.

Lo más difícil es comenzar, pero no deja de ser importante persistir.

Prepararse:

Lo primero es comenzar un inventario de vida, es decir, debes hacer una lista de todos los hábitos que tienes actualmente, ya sean buenos o malos.

Seguidamente, tras identificarlos, debemos saber cuáles son los hábitos realmente necesarios e imprescindibles. Pero claro, no olvides que muchos de ellos sirven para la vida en general, y otros dependerán del plan que piensas emprender.

Por ejemplo, si quieres escribir un libro, pero no estás habituado a levantarte fácilmente, entonces la recomendación es que te replantees la idea de salir temprano de la cama, pues es muy probable que, durante la mañana, tengas la mente más fresca para comenzar a escribir.

Si deseas hacerlo durante la noche, es necesario establecer un hábito que rompa con un viejo comportamiento, que se convierte en un "obstáculo".

Otro aspecto en esta etapa de preparación que vamos a establecer, es descartar aquellos hábitos que ya no sirven. Es decir, esos patrones de vida que realmente son un perjuicio, más que un beneficio.

Quizás en tu nuevo estilo de vida necesitarás más tiempo, pues tienes dos elementos que vencer: la procrastinación y la poca fuerza de voluntad.

Ambas están muy unidas, son los enemigos número uno del crecimiento de las personas y, por lo tanto, son contrarias a la necesidad de establecer nuevas metas.

Los buenos hábitos hacen que nuestra vida sea más sencilla, pues marcan el establecimiento de los objetivos, en función de lo que deseamos para beneficio de nuestra ruta de éxito.

Por ejemplo, hay personas que tienen el hábito de analizarlo todo y de crear un esquema de riesgos para los perjuicios, que sean efectivos a la hora de tomar una decisión. Sin embargo, existen personas que no piensan nada y, muchas de sus reacciones, provocan serias consecuencias a futuro.

Sin duda, el no meditar las cosas, resulta un mal hábito, por lo que requieres hacer un ejercicio en medio de una situación, a la que habitualmente respondes de manera impulsiva.

En este caso tienes un hábito que, de seguro, ha creado un mal ambiente alrededor, pues si bien es cierto que a veces hay que ser reaccionario, la mayoría de los casos es preferible esperar, escuchar, meditar y tomar una decisión.

Además, en esta etapa de preparación, tienes que tener en cuenta un aspecto muy importante: depurar.

Es necesario que, en ese inventario, saques los viejos y malos hábitos para, entonces, dedicar tiempo y espacio a los nuevos y los buenos.

Todo lleva su tiempo, y representa un acto de interés hacia una nueva dimensión en tu vida. Es posible que al principio lo veas muy difícil, pero, con el paso del tiempo, entenderás que no es nada complicado si estableces un control de todo lo que haces.

Debes de creer en ti mismo:

Nada mejor para comenzar una nueva vida, que contar con la fortaleza de tener la suficiente confianza, para emprender un nuevo camino o para cimentar las bases que permitan alcanzar algo grande.

No puedes olvidar que muchos de nuestros éxitos o fracasos dependen, en gran parte, de la actitud que tengamos frente a los hechos; muchos de nosotros queremos iniciar algo, aun con serias dudas de lo que somos capaces de hacer.

Empezar una nueva vida con el nivel de confianza bajo, es algo que ayuda muy poco, realmente, pese a la motivación que puedas tener. si esa fuerza que genera la autoconfianza es la necesaria para emprender "giros" históricos en tu vida, entonces podrá funcionar.

Pero ¿por qué decimos nueva vida? Es sencillo, cuando integras, en tu desarrollo personal, un conjunto de hábitos, harás una modificación de muchos conceptos que, hasta ese momento, creíste que eran los indicados para llegar al éxito. Es muy probable que tengas muchas dudas, pero cuando haces una reevaluación, entenderás que lo mejor está por venir.

Un ejercicio muy importante es visualizarte en el futuro. Comienza a imaginarte cómo serías con todos esos hábitos que consideras necesarios.

Recuerda muy bien que son acciones que han surgido de la necesidad de generar cambios en tu vida, pues entiendes que el modo de llevar las riendas de tu destino, no es el más adecuado. Es por ello, que tomaste esa decisión a partir de una experiencia que te ha hecho reflexionar. Ese es tu punto de partida.

Ten en cuenta que, si esperas tener los mismos resultados, pues, sencillamente, sigue con los mismos patrones de conducta. Los buenos hábitos son la carta principal en una vida autodisciplinada. Sin ellos, difícilmente podrás llegar al éxito anhelado.

Es importante que te fijes más en los resultados que en el recorrido. De lo contrario, terminarás postergando la decisión del cambio.

Descubre el corazón de tus metas:

Tomando un poco de confianza en lo que haces alrededor de tu vida, no habrá nada mejor que enfocarte en lo que quieres, para buscar el centro de todos esos cambios que aspiras lograr.

No es suficiente solo con la motivación que activó esa actitud de cambio. También es vital mantener la visión de lo que deseas para ti, en un tiempo acordado. Por lo tanto, para que ese momento se pueda establecer, es necesario que concentres tu atención en el fin, para poder lograr todos los cambios en tu vida.

Cada individuo tiene una meta muy marcada, y detrás de ella, se fomentan otros objetivos necesarios.

Así, por ejemplo, si deseas lograr ser un excelente gerente, pues entonces tienes que rodearte de una serie de hábitos necesarios, pero con el enfoque en el liderazgo. Todo buen gerente debe tener un efecto masivo en las personas que tiene a su disposición.

De esa manera, podrás establecer los cambios que deseas. No te conformes con ser un gerente más, si quieres aprovechar la oportunidad al máximo. Como parte del proceso, se vuelve necesario comprender que, llegar a ese puesto, solo ha sido una oportunidad dentro de una gran organización.

Llegar a ese cargo te costó "sudor y lágrimas", pero has entendido que, más allá de una oportunidad merecida, la vida te ha premiado, pese a no tener los mejores hábitos. Es en ese momento cuando la persona se dice así misma: "Puedo ser mejor"

Pero, para llegar a ser el mejor, debes rodearse de un buen equipo, debes prepararte más y, sin duda, debes ser un gran líder.

Es ahí cuando comienzas a levantarte más temprano, a leer con precisión, a tomar decisiones en equipo, pensar cada acción antes de actuar, no te conformas con presentar un informe regular, dedicas más tiempo a las cosas de provecho y has logrado explotar algo a lo que no le prestabas mucha atención: el carisma.

Entonces, en este caso, el corazón de la meta de este joven gerente es ser el mejor en la empresa y, para ello, debe equiparse con las mejores herramientas que se constituyan en hábitos, para poder acelerar el cambio que desea.

Algunas personas dicen que los cambios vienen con el cargo y, la verdad, eso es cierto en alguna medida. Pero, ¿qué sucede cuando alguien desea un cargo? Sabe lo que tiene que hacer, y entonces elabora un plan para lograrlo.

Esa es la médula central de todo un esquema que lo ha llevado a ser una persona muy distinta.

Otro caso muy común se ve reflejado en aquellas personas que son diagnosticadas con diabetes, quizás una de las enfermedades más letales y silenciosas del mundo moderno.

Desde el diagnóstico, este paciente, a quien llamaremos Carlos, decidió cambiar todos sus hábitos alimenticios, así como incluir actividad física.

Para ello, Carlos se sintió obligado a modificar todo su estilo de vida. Con horas de alimentación bien planificadas, y con mayor cantidad de consumo de vegetales y frutas.

Al mismo tiempo, abandonó otros hábitos, como: fumar, el consumo de bebidas alcohólicas, trasnochos innecesarios, y el consumo de alimentos saturados de grasas o con alto contenido de azúcar.

Por otro lado, incluyó en su nueva vida las visitas al gimnasio, las caminatas los fines de semana, y algunos cambios en su estilo de socializar. En parte, porque sentía que estar con sus viejos amigos lo tentaría a consumir lo que afectaría a su salud.

Sin duda, la rutina de Carlos cambió, cuando su médico le dijo que, si no modificaba su estilo de vida, estaba condenado a ser un esclavo de la diabetes, pero, peor aún, que recortaría su tiempo de vida súbitamente.

En el caso de Carlos, el corazón de sus metas era mejorar su salud para preservar su vida.

Y, nuevamente, reiteramos que será una experiencia increíble lo que nos impulsará como el agente motivador de cambio, para, así, establecer una vida auto disciplinada y con hábitos, que nos harán mejores individuos y mejorarán nuestra calidad de vida.

Igual es el éxito, claro, no se expone la vida misma, pero está en juego la esencia de lograr ser alguien significativo, para poder disfrutar de manera certera de los beneficios de vivir plenamente feliz.

Pero, ¿cuál es el centro de tus metas?, ¿qué hace posible dinamizar todos los cambios en tu vida, como para establecer un nuevo estilo alrededor de una reestructuración total o parcial de quién eres?

Diseñar un nuevo patrón de vida:

Es importante que las personas puedan determinar un plan para cada uno de los hábitos que desean establecer. Es por ello, que el fundamento para lograrlo radica en medir los resultados.

Sin resultados no es posible considerar o visualizar los avances. Pero, si consigues que, con el paso del tiempo, medites y analices qué es lo que has logrado, entonces habrás creado un nuevo patrón de comportamiento.

Antes, debes establecerte un tiempo. Recuerda escribir en una agenda, específicamente, cuáles son los hábitos que deseas adquirir y, cada día tendrás la oportunidad de medir o establecer un informe de los resultados obtenidos con cada práctica. Parece algo exagerado, pero es la forma más efectiva de mejorar en el día a día.

Muchos deportistas han tomado como hábito el poder realizar un número determinado de ejercicios, por ejemplo, abdominales.

Hacer 300 abdominales por día no es cosa fácil, pero grandes deportistas lo lograron en cada sesión. Llegaban un poco más temprano, y comenzaban a hacer las cosas un poco distintas.

Por ejemplo, el jugador brasileño de fútbol, Vinicius, ha decidido cambiar su patrón de entrenamiento y, es por ello, que optó por copiarse de uno de los mejores: Cristiano Ronaldo.

Para ello, el jugador ha decidido contratar a un entrenador quien, acompañado de un cocinero personal, ha establecido un patrón de entrenamiento, parecido al de Cristiano Ronaldo.

Para un jugador parece sencillo hacer un cambio en su entrenamiento diario, pues viven de ello. Pero, en realidad, es algo complejo porque implica una modificación de todo un régimen, que va desde la alimentación, hasta la musculatura, entre otros aspectos de orden mental.

Por supuesto, la gran diferencia del brasileño es que tiene un mentor que le recuerda todos los días lo que debe hacer y cómo hacerlo. El lujo de ser millonario.

Quizás, tú no tienes los millones de Vinicius Junior, aunque sí cuentas con la capacidad de establecer tu rutina en cualquier hábito que deseas empezar a aplicar.

Todo depende del plan que ejecutarás, a corto o mediano plazo.

Entrenar el nuevo hábito:

Ya entendiste que es necesario tener un plan para seguir adelante en la conformación de nuevos hábitos en tu vida. Ahora, viene lo más esencial: aprender a aplicar ese nuevo hábito.

No temas a la idea de copiar el concepto de otra persona para el aprendizaje. Aunque, cada experiencia es muy particular, también es cierto que podemos aprender de otras personas que han pasado previamente por un proceso.

No olvides que no basta solo con aprender el hábito, es necesario también establecer un patrón conductual que te lleve a una automatización, hasta convertirlo en algo propio.

De eso se trata un hábito. Debes repetirlo una y otra vez, hasta que ya es tan "propio", que resulta en una acción automática.

Por ejemplo, esos hábitos deben ser parte de tu diario vivir. Tal es el caso de las hermanas Gómez del Pozuelo, quienes, con inventiva y mucha creatividad, decidieron crear Womenalia, una red social solo para mujeres profesionales.

Aunque aún distan mucho de las grandes redes sociales del mundo, estas mujeres se han fijado una meta, y su hábito más importante es hacer *networking* para lograr un efectivo trabajo en equipo, mediante una comunicación efectiva.

Sin duda, fueron aprendiendo cada una de las técnicas y prácticas usuales en el mundo de las redes sociales, aunque estaban claras en algo "no es necesario saberlo todo, lo vital es lograr que el equipo esté unido"

Una frase muy interesante es: "es necesario hacer las paces con la ignorancia". Es verdad, no lo sabemos todo, pero para poder dar el paso que nos distinga, debemos armar un equipo al cual vamos a liderar.

Hace 22 años, una de las hermanas, Elena, montó la primera empresa. Hoy en día, tienen 13 compañías y 250 mil seguidoras en su red social.

Ahora, hay algunos hábitos que deben ser analizados en nuestra vida laboral, como llegar temprano, no perder tiempo, tratar de resolver y ser más proactivo, creativo, permitir que el concepto de ideas fluya, entre otros.

Sin embargo, la clave principal está en practicar, practicar y practicar.

Es como cuando aprendes a manejar un vehículo. Al inicio todo es un poco tenso, no tienes control del volante, te asustan los autos que te pasan por el lado, el frenado es brusco, y también se apaga el auto. Más aún, si es un auto con sistema de velocidad manual.

Pero, con el tiempo, luego de practicar y de vencer ese miedo, solo te montas en el auto y avanzas con una naturalidad increíble.

Todo es parte de un recorrido, y durante ese trayecto asimilas, comprendes y la mente humana hace el resto. Pues, no hay una máquina más perfecta que tu cerebro, al combinarse con la capacidad física.

Avanzar y retomar, en caso de una caída:

Luego de entrenado ese nuevo hábito, es necesario entonces, seguir avanzando hasta llegar al punto máximo de control.

En ese momento es cuando sabes que tienes control sobre la nueva acción y, sin mayores contratiempos, permite una reacción. Es decir, te levantas, pues ya sabes que viene un buen baño y luego una excelente reflexión. Hubo una molestia, te sientas y meditas el momento. Tu equipo te aglomera con muchas quejas, entonces los ordenas y lideras el control.

103

De esa manera, podrás ir incorporando precisión en lo que haces. Eventualmente, podrás convertirte en un ejemplo a seguir para los demás, porque envidiarán el hecho de que para ti "sea tan fácil".

Y, probablemente no lo fue, solo que te concentraste tanto en ese momento, que ya sabes qué hacer y cómo hacerlo.

Esos aspectos son los que marcan el devenir en la apropiación de una nueva actitud frente a la vida. Es por ello que las condiciones de crecimiento dependen, en gran medida, de la disciplina con que adoptemos estos nuevos hábitos que, a la final, terminan solo aportando cosas positivas.

Todo dependerá de la manera en la que asumimos el momento. Si bien es cierto, hay una carga motivacional que nos permite seguir adelante, por lo que, es prioritario que siempre pienses en los beneficios que trae consigo cada hábito.

Los seres humanos respondemos por premio o castigo; por lo tanto, si hay un beneficio en un hábito, es posible que respondamos mejor a su aprendizaje. Pero, ¿qué pasa si perdemos la brújula?

En ese instante, es necesario reflexionar y entender que, más allá del beneficio, hay un objetivo superior para cada hábito aprendido.

No olvides que, un solo hábito, no te concederá el camino al éxito o te permitirá alcanzar una nueva reconfiguración de tu vida. Es el conjunto de hábitos, el que permitirá cambiar la forma y la perspectiva de muchas cosas en tu entorno.

Es muy importante que tomes confianza y, si la perdiste, es necesario recobrarla. Además, debes tener la certeza de que cometerás errores, pero ellos forman parte del aprendizaje.

Recuerdo bien la primera clase de manejo de un amigo. Tomó el volante con toda confianza, probó cada una de las velocidades antes de arrancar, avanzó, lo cual le brindó la confianza del inicio, pero, no había recorrido media cuadra cuando chocó su auto con la esquina del cercado de una casa.

La verdad, fue un momento muy cómico. Aunque, pasaron algunos días para que recobrara la confianza, luego entendió que, si quería usar su auto, debía aprender a adquirir carácter.

Entonces, si no has logrado salir de esa pequeña "zanja", es necesario que crees un plan de emergencia, el cual tendrá un ciclo de reinicio.

Interioriza el por qué emprendiste la idea de apropiarte de ese hábito; entiende que es solo un paso para conseguir tus metas; comprende que todos nos equivocamos, pero debes saber que, siempre podemos ser mejores personas, aplicando cosas como la constancia y el entusiasmo.

Cómo mantener los hábitos

De seguro, has entendido la importancia de un hábito, así que vas a querer saber cómo mantenerlo en tu vida y hacerlo propio de tu personalidad.

Así, tal y como anotaste en tu libreta los hábitos que deseas para tu vida, también es necesario que establezcas un cronograma para ejecutar aquellos que no realizas con mucha frecuencia, pero que requieren ser puestos en práctica, para que no dejen de ser precisamente eso... un "hábito".

Recuerda que es fundamental tener autodisciplina, pues esa es la que te mantendrá activo en el logro de las metas a corto o mediano plazo. Por lo tanto, que se establezca o no, depende, en gran medida, de la certeza que tienes de lograr lo que te propongas.

Compartiré contigo algunos pasos necesarios para mantener un hábito en tu vida:

Un disparador: digamos es que la acción que te impulsará a retomar un hábito. Es como la chispa que enciende el ciclo en la rutina de esa actividad.

Es, por lo tanto, como un indicador de que es la hora de ejecutarlo. Al volverse una acción mecánica, de seguro pasarás al siguiente paso, sin necesidad de pensarlo demasiado.

Por ejemplo, tienes el hábito de darle las buenas noches a tus hijos.

Quizás, el disparador es cambiarte de ropa antes de dormir porque, después de hacerlo, es cuando te diriges a su habitación.

Otro disparador matutino podría ser: tomarte un café antes de salir a

105

caminar. Ya tu cuerpo está tan habituado que, cuando tomas el primer sorbo, empiezas a sentir motivación y saltas a prepararte para caminar los 30 minutos que dispones a diario.

Otro caso son los empleados de un periódico al llegar a la oficina. Al sentarse en su silla, lo primero que hacen es revisar las notas de otros medios, de manera que cuando comience su trabajo diario, estará al tanto de alguna novedad.

En fin, un disparador es una acción mecánica que no genera nada, pero que sí te recuerda que es necesario pasar a la ejecución de esa acción que ya es un hábito en tu vida.

Es una pequeña alarma, que permite que no pierdas en "hilo" de lo que deseas para tu rutina.

Ahora, debes entender qué patrón dentro de tu rutina te permitirá establecer un disparador. Puede ser algo que es necesario o que haces todos los días, pero que te recordará la necesidad de continuar con el entrenamiento, para lograr establecer ese hábito como patrón de comportamiento.

Recuerda que hay hábitos que no logramos aplicar por el tema de la postergación, pues, a pesar de que sabemos que es necesario, lo vamos dejando para otro día.

Ese día se convirtió en semanas, en meses, en años, y nunca logramos esa meta. Debes luchar con ello, y recordar constantemente que la satisfacción del trabajo realizado será mucho mejor.

Cada hábito positivo que logres aprender en tu vida te permitirá crecer, y ese crecimiento te llevará a un proceso de maduración que encenderá la llama del éxito.

Acciones medibles: los seres humanos tenemos una tendencia clara a hacer las cosas de manera muy flexible, por lo tanto, existe una autojustificación al no cumplir una meta, si no hay una cifra, o un término mínimo, que sirva para sacar la conclusión de que se ha cumplido.

Una acción medible es cuando decimos: "Voy a caminar todas las mañanas" y, pues, al principio lo hiciste de manera enfocada y lograste recorrer varios kilómetros. Pero, luego de unas semanas, sales a caminar, y empiezas a perder la motivación. Ya no caminas de la misma forma que antes, ni recorres las mismas distancias.

En este caso, es importante establecer una meta: "Voy a caminar todos los días 5 kilómetros o 2,5"

Trata de que esa acción medible vaya aumentando, hasta sentir que ese hábito está al nivel de tus expectativas y está dando los resultados requeridos. Por ejemplo, si te sientes más saludable al mirarte al espejo, seguro tendrás unos kilos menos. O sencillamente, es porque logras despejarte lo suficiente, para iniciar la acción diaria en tu trabajo.

El tema central, es que tienes que establecer un objetivo claro para cumplir con la meta de convertir ese hábito en parte de tu rutina. De lo contrario, empezarás a justificarte y, eventualmente, a dar razones innecesarias que no serán argumento suficiente, pero que harán que pierdas la motivación y la constancia.

No es igual lograr hacer 10 páginas de un informe, a completar 20. Claro que es muy distinto; pero en el primero sólo dijiste "adelantaré parte del informe", y en el segundo "completaré 20 páginas de mi informe"

Entonces, te enfrentas con otro enemigo de los hábitos "la disonancia cognitiva"

Psicológicamente hablando, es la creencia personal que tenemos frente a un hecho, ya que existe una contradicción entre lo que debes hacer y lo que no hiciste. Entonces, tus creencias entran en conflicto con el nuevo comportamiento.

Las personas que adaptan un comportamiento de justificar todo lo que han dejado de hacer, suplantan los beneficios de ese hábito, por otros que en nada tienen que ver con el crecimiento personal. A fin de cuentas, es una excusa.

Recompensa: Trata de recordarte lo importante de incluir ese nuevo hábito en tu vida. No te impidas disfrutar el momento de lograr algo nuevo. Entonces, el nivel motivacional será mejor y lo suficientemente fuerte para proseguir.

Quizás, lo más complejo en la vida es lograr un nuevo hábito, aunque, sin duda, son los malos hábitos los que son más fáciles de establecer.

Esto sucede porque el nivel de recompensa es casi instantáneo y, por lo tanto, es más sencillo aprenderlo puesto que el factor motivador es más cercano en el tiempo.

Generalmente los buenos hábitos tienen un efecto más largo para medir su recompensa, pero los efectos a largo plazo son decisivos en el devenir de nuestra vida.

Por ejemplo, "comer bien" versus "comer comida chatarra".

Sin duda, un buen hábito es comer sano, pues además del aspecto físico, los beneficios en la salud son directos; como por ejemplo evitar enfermedades coronarias, diabetes, tener mejores condiciones físicas, mayor longevidad, mejor concentración, entre otros.

Como verás, son beneficios que son solo medibles con el tiempo y, por lo tanto, la gran mayoría pierde el interés en esas cosas que se hacen esperar.

En cambio, comer comida chatarra genera una satisfacción inmediata en las personas. Disfrutar de un rico pollo frito, o comer una pizza con mucho queso fundido, son algunos ejemplos.

Pero, ese estilo de alimentación solo genera en nosotros perjuicios letales en la salud.

Entonces, para fijar una buena alimentación, debe existir una concentración y un enfoque claro acerca del esfuerzo que se hace y de su beneficio, a largo plazo.

Recordatorios: es necesario que hagamos una lista de lo que no podemos dejar de hacer en nuestras rutinas. Parece mentira que, con el tiempo, a veces perdemos hábitos que nos dieron muy buenos resultados. Entonces, en ese instante, es necesario volver a encaminarse.

El éxito de una rutina radica en tener presente por qué decidimos tomar ese hábito. Por lo tanto, un recordatorio debe estar asociado a un disparador, para que se inicie el ciclo.

Esa alarma te indica que hace falta algo que hacías con mucha frecuencia. Por ejemplo, para un estudiante universitario, llegar temprano al aula de clase para revisar las guías de estudio y tener una mejor precisión de la clase del profesor, es un hábito que es muy importante, pues ello le permite un mejor rendimiento.

Pero, su rutina se ha visto impactada por alguna actividad que evita que pueda llegar temprano a clases. En este caso, su disparador era comprar un café cada mañana en la cafetería, cosa que no podrá hacer esta vez. Posiblemente, eso genere un desacuerdo en su motivación, ya que son cosas que él no puede controlar.

Claro, en este caso, los resultados se reflejan en bajas calificaciones y ya no tiene el mismo nivel de participación. Por lo tanto, le cuesta más el poder comprender la clase correctamente.

Es por ello que ese recordatorio es como un refuerzo, que bien puede ser positivo o negativo, encenderá las alarmas para que retomes el camino.

Además, existe la posibilidad de aplicar la forma clásica: escribe en tu cartelera de compromisos diarios (esa que está en tu habitación) cada una de las actividades que prometiste que lograrías todos los días.

Así mismo, entre tu equipo de trabajo, comparte las experiencias que te permiten rendir mejor y, de seguro, el día que no lo hagas, ese compañero te recordará que tienes algo pendiente.

Es el momento de ensayar lo aprendido. Así que, comencemos con el ciclo de incorporar un nuevo hábito en tu vida. ¡Vamos, es hora de comenzar!

Capítulo 8: La Mente

La mente es la fuerza de todo ser humano. Desde allí, se dirigen todas nuestras acciones y, aunque a veces suele decaer, podríamos decir que es el comando general de cada individuo.

Durante la lectura hemos reflexionado acerca de los elementos más importantes para construir un ser humano más centrado en lo que quiere, enfocado para optimizar el tiempo y los recursos, así como para hacer de todos nosotros, mejores instrumentos para el bienestar social.

Suena complejo, pero es la clave de todos los grandes emprendedores que hay en el mundo entero. Es por ello, que nosotros tenemos la importante misión de establecer la autodisciplina para explotar el máximo potencial de lo que somos capaces de lograr.

Todo depende de la capacidad que tengamos para potenciar la mente. Seguro escuchaste en infinidad de ocasiones que la mente humana apenas es utilizada en su mínima capacidad, por lo cual, si logras un nivel alto de orientación hacia lo que quieres, existe una alta posibilidad de exteriorizar una mejor versión de ti.

Pero, ¿qué es la mente?

La mente se refiere a la concentración de toda la información, emociones, acciones, comando de acción y todo lo que gira alrededor del consciente y el inconsciente. Por lo tanto, en esencia, es la torre de control del ser humano.

Cuando hablamos de mente, de inmediato nos referimos al cerebro, pues allí residen todas las acciones mentales del ser humano, y es uno de los órganos con mayor concentración de energía, porque desde allí emerge toda la carga de mando del proceso neuronal en el cuerpo.

La mente es tan compleja, que contiene un número inmenso de archivos de toda tu vida, y los lleva al momento necesario cuando así lo necesitas.

Por otro lado, existe un espacio espejo, el cual no se encuentra activo pero que nos recuerda muchas experiencias que están almacenadas en un sitio especial, para que no nos hagan daño. Esto es lo que conocemos como inconsciente.

Al mismo tiempo, la mente tiene la responsabilidad de mantener el control en los momentos de reacción, acción y planificación, así como el descanso.

Muchos filósofos encasillaron la mente como el poder de voluntad que tiene cada persona, así como el designio que ha definido para sí mismo.

Proviene del latín "men" y se refiere a pensar. Por lo tanto, desde que se forma el cerebro, comienza un proceso de trabajo en donde pensamos y definimos nuestras acciones.

Desde la evolución de la ciencia, la mente ha sido abordada desde distintas perspectivas que dividen su objeto de estudio. Antes era solo estudiada por los filósofos; al día de hoy, entre muchos, significa el centro de investigación de los neurólogos, de los psicólogos, los psiquiatras y la neurociencia. Además, se estudian procesos químicos que tienen como escenario el cerebro, y en tal sentido, buscan resultados en el epicentro de la mente.

¿Te has preguntado cuán poderosa es tu mente?

El Poder de la Mente

La mente, que tiene su base de operaciones en el cerebro, representa uno de los órganos de mediano tamaño, del ser humano, que concentra una de las mayores responsabilidades.

Para tener una idea del poder de la mente, debemos ver el órgano tangible desde donde opera: el cerebro.

De hecho, puedes tener vida sin cerebro, pero si éste no funciona, sencillamente perderá sentido, debido al significado que tiene para cada uno el concepto de "existir".

El cerebro tiene un peso que no sobrepasa el kilo y medio. Y utiliza el 25% de la sangre que bombea el corazón. Está conformado por tejidos frágiles que, a su vez, contienen millones y millones de neuronas que dirigen el cuerpo humano.

Se establecen millones de conexiones neuronales, lo cual hace resaltar la amplia cantidad de neuronas que tiene el cerebro.

Es tan pequeño y tan frágil, pero tan fuerte y complejo que, aún, hay muchos misterios por descubrir alrededor de su funcionalidad.

Algunas cifras son impactantes: en menos de 13 milésimas de segundo, la mente es capaz de determinar una imagen que puede viajar a más de 360 kilómetros por hora. Los circuitos del cerebro están en constante trabajo, pues aun cuando dormimos, hay un cúmulo de información que almacenamos sin parar.

Requiere de descanso constante para poder mantener su longevidad y, por lo tanto, hace necesario disfrutar del mínimo de sueño recomendado. Un 60% de la energía que requiere el cerebro es utilizada para mantener las conexiones entre las neuronas.

El cerebro del hombre es más grande que el de la mujer, pero el de ellas está mejor organizado.

Los datos del cerebro están agrupados en 100 regiones distintas. Es como si un CPU tuviese 100 discos duros, destinados a guardar información específica. Pero de igual manera, tiene 150 mil kilómetros de nervios y 150 mil km de vasos sanguíneos.

Y otro dato interesante es que el cerebro puede producir tanta energía como para encender una lámpara pequeña.

Como verás, son números que hacen pensar, irónicamente, en la importancia de la mente, y en toda la energía que con ella adquirimos.

Fisiológicamente, la mente tiene un poder respaldado por un gran procesador, que es el cerebro. Por eso, no debes temer en poner a funcionar la mente humana, para que funcione como el gran interruptor que te permitirá lograr cosas grandes durante tu desarrollo personal. Ya verás que, el entenderla, te hará ser mejor persona.

Solo es cuestión de asegurarte de que estés al máximo de tu concentración, para llegar a ser un ser que se distinga del resto. Cuando estés en modo "ataque", serás capaz de poner a tu disposición miles de decenas de herramientas, que te pueden servir para conseguir lo que quieres.

Ahora, debe existir una coordinación bastante definida entre lo que quieres, el correcto funcionamiento de tu cuerpo y el ordenar las ideas de lo que aspiras hacer realidad.

Lo maravilloso de la mente se centra en el hecho de que puedes expandir tu mundo interno, hasta tener la certeza de proyectarlo a tu realidad mediante procedimientos que están basados en mecanismos ya comprobados.

Es decir, tú eres capaz de poner a prueba todo un amplio plan con estrategias, en la medida en que sientas la seguridad para ejecutarlos.

Pero, ¿qué brinda esa seguridad? Esta nace desde la mente, basados en un juicio de valores, impulsados por la motivación que nace día a día por querer trascender. Los seres humanos queremos liderar, sentirnos socialmente aceptados, pero también existe una ambición de dejar un legado para que nuestro nombre quede en la posteridad.

Esas motivaciones, en muchas ocasiones, son potenciadas o limitadas por los sentimientos, los cuáles son catalizadores en momentos determinados de la vida.

¿Qué sucede, entonces, cuando nuestros sentimientos, motivación y preparación física e intelectual están sincronizados para ser el mejor? Corre, no pierdas tiempo, pues ahora es el momento para hacer lo que tienes que hacer.

Cómo potenciar nuestra mente:

Podemos potenciar la mente de muchas formas, pero debemos establecer que existe una relación directa entre el cerebro y la mente.

La mente es lo intangible, lo que no podemos medir... lo empírico. El cerebro, por su parte, es lo tangible, lo medible, la zona física.

Por ello, resulta fundamental ejercitar el cerebro por medio de:

Practicar deportes y actividades físicas: no podemos ignorar que el cerebro, como órgano que es parte del cuerpo humano, requiere ser cuidado con la correcta y medida alimentación. No puedes entrar en una nutrición incorrecta que afecte su funcionamiento.

Muchos de nosotros somos muy hábiles e inteligentes, pero la alimentación es pésima. Por eso, hay que dedicarle tiempo al entrenamiento físico, combinado con la ingesta de alimentos saludables.

La cultura alimenticia actual está llena de muchos alimentos procesados, saturados en grasas, que tienen una incidencia directa en el correcto funcionamiento del cerebro. Así, los Accidentes Cerebro Vasculares son más frecuentes al día de hoy, y cuando hay una sobre exigencia del cerebro, aparecen con más frecuencia.

Por otro lado, las actividades físicas ayudan a la producción de hormonas que generan tranquilidad y felicidad, así como permiten espacios para la recreación y el esparcimiento que es necesario para todos.

Entrena la memoria de trabajo: dedica espacio para que esas tareas diarias tengan una mejor ejecución. Retener información es una forma muy fácil de ejercitar la mente. Tu objetivo es permitir que la mente experimente una expansión y puedas cumplir a cabalidad con las metas laborales.

Ese tipo de entrenamiento puede ayudar a otras labores, pues no solo es una forma de mejorar tu capacidad de retención, sino que, también, te permitirá tener mayor agilidad mental. Es como ir al gimnasio porque deseas perder algunos "kilos": no solo lograrás eso, sino que tendrás más fuerza corporal y mejor estado de salud.

Lee: si hay algo que ayuda a desarrollar la mente es la lectura. No hay nada mejor que ayudar al conocimiento directo de tu inteligencia. Pero, de igual modo, la lectura es una forma muy placentera de alimentar tu cultura general.

Desde la lectura de una novela, hasta estadísticas, investigaciones, aventuras, hechos de la vida real o el diario. Todo lo que conlleva a la lectura, permite la correcta expansión de la mente.

Potencia la creatividad: la clave de la creatividad es practicarla.

No hay secretos. Aquellas personas que realizan actividades donde ponen en ejecución su creatividad, son más propensas a ser más inteligentes. Puedes pintar, escribir tu diario en forma de novela, ambientar tu jardín, construir algo en tu garaje; cualquier actividad que alimente tu espíritu creativo permitirá abrir una puerta, que será clave para adentrarse en el mundo moderno.

Tener mayor contacto con la naturaleza: pasar tiempo en un ambiente natural permitirá dos cosas importantes. Primero, tendrás la libertad de estar en un lugar que no esté rodeado de estrés, sin mayor contacto con la tecnología y donde aprovecharás tus habilidades físicas. Segundo, te permitirás generar el espíritu de la creatividad, pues empezarás a tratar de comprender la naturaleza que te rodea.

Más allá de la liberación de estrés que brinda el poder tener contacto con la naturaleza, es importante que te regales esos momentos recreativos en beneficio del descanso mental.

A. Conociendo tu capacidad mental:

La mejor manera de ir a una batalla es conocer las herramientas (o las armas) con las que cuentas. Es imposible que puedas salir invicto si no tienes el poder para establecer una estrategia, conociendo tus puntos fuertes o débiles.

Y, por ello, en el plano mental y en la ampliación de las destrezas de la mente, es necesario conocer su potencial y saber cuáles son los puntos que debes cuidar, para no perder la primera batalla, antes de emprender este importante camino: ser una mejor versión de ti mismo.

- Conocer la composición de tu mente: la mente humana tiene un gran universo que aún tiene mucho por conocerse, pero que se estima que está compuesta por:

1. **El cerebro reptil:** es la sección de tu mente instintiva y la que abriga tu parte salvaje. Los grandes impulsos de preservación nacen de esa zona, pero también aquellos elementos que responden ante un momento en el que se vean afectadas las necesidades primarias.
2. **El cerebro límbico:** es la zona de las emociones. Se considera parte importante en la creación de la motivación, así como en el impulso que generan los sentimientos.
3. **La neo córtex:** es la zona racional de tu cerebro, donde se establece la parte analítica, de pensamiento y, de igual forma, la creativa y la intuitiva.

Todas estas partes del cerebro son vitales y la justa forma de hacerlos aflorar hará de ti un ser excepcional. La razón debe dar parte a la zona primitiva, pero también deben ir cohesionados con las emociones, para poder crear algo indestructible.

Además, hay elementos empíricos necesarios para lograr el máximo crecimiento mental, entendiendo este como el desarrollo constante y positivo de la misma.

Pues, la mente requiere de un proceso de concentración.

- Vigilar el pensamiento: partiendo de lo dicho anteriormente debemos entender que la mente tiene una serie de cortocircuitos que deben ser activados, hasta que todas las capas de actividad puedan estar en completo funcionamiento. Aunque, este, es un punto que detallaré contigo más adelante.

Hay que estar en plena consciencia de lo que hacemos. ¿No te ha sucedido que haces algo, tu mente ha dado una orden, pero tú nivel de consciencia no sabe por qué? Esto se debe a que, a veces, el cerebro está en piloto automático. Sin embargo, hay ciertas acciones que deben ser eliminadas para que no sean perjudiciales.

A ver, lo explico mejor. Tienes 10 años haciendo ensalada con salsa de mayonesa, pero un día decidiste hacerla diferente.

Al ser un proceso mecánico, y que se vuelve automático, entonces preparas todos los ingredientes. Sin querer, le agregas mayonesa y, no será precisamente porque le hayas dado una orden al cerebro, sino porque, estás tan acostumbrado a hacerla así, que fue una decisión inconsciente.

Suele pasar en muchas ocasiones y, por ello, cuando pretendes tomar decisiones, es vital que vigiles muy bien aquellas acciones que se han vuelto habituales. Como el cerebro funciona como una computadora, pues hay instrucciones que no han salido del comando de orden. Por ello, es necesario vigilar la mente.

Otro factor, que es importante hoy en día, es que tenemos una alta influencia de muchos mensajes, historias, y tantas cosas que están en las redes sociales que, a veces, solo a veces, nos convertimos en constantes receptores de un mensaje, y sin darnos cuenta, hacemos justamente lo que habíamos decidido no hacer.

- Pensamiento Divergente: otra de las maneras de entrenar la mente es aplicando opciones que estén fuera de los parámetros usuales, para que se tengan en cuenta dentro de tu inconsciente. Para escalar a esa nueva dimensión en tu vida, debes decidirlo y salir de la zona de confort.

Seguro donde estás te sientes muy cómodo, pero es momento de dar el salto, que no será fácil, pero que de seguro traerá grandes resultados, en la medida en la que exista una buena estrategia con una fina planificación.

Trata de hacer las cosas de manera distinta, prueba y comprueba; y si fallas, puede ser que cada intento es una forma más segura de perfeccionar el plan deseado.

En tal sentido, debes aceptar los cambios bruscos para que tengas una solución pronta. Quejarte solo hará que pierdas tiempo porque, como dicen por ahí, el tiempo vale oro y eso es todo lo que tienes.

Si tienes un reclamo, también está bien que lo manifiestes, pero representa una pérdida de tiempo que, a la final, traerá consecuencias.

El tiempo es una de las cosas que no regresa y cada segundo cuenta.

- Hay que tener plena conciencia: así como te dije antes, es necesario estar enfocado y, por ello, es vital tener plena conciencia de lo que hacemos día a día. Ello te llevará a tener seguridad en cada una de tus acciones. La fuerza que genera un cambio, generará los resultados.

Todo dependerá de la conciencia que tienes del hecho. A veces solo nos dejamos llevar por alguna emoción, lo cual no es malo, sólo que debes proyectar ese futuro y evaluar las consecuencias de cada una de las decisiones que tomas.

No puedes solo decir "sí" y saltar a la acción. Se necesita un acto reflexivo, con todas las consecuencias. Jugar a proyectarte en el futuro no es malo.

Además, trata de dejar a un lado todo aquello que te distrae y ordena tú alrededor en el momento cuando más lo necesites. No puedes permanecer a baja velocidad cuando tu mente, sencillamente, te pide mayor énfasis en lo que haces.

Seguro hay buenas ideas en tu mente, pero están dispersas, requieren ser unidas y completar ese rompecabezas.

Que en ese estado de concentración se aglomere la experiencia, la creatividad, la inteligencia y decidas dar el paso de ejecutar.

- Hay un aspecto que caracteriza a las personas que han arriesgado para conseguirlo todo. Nos referimos al acto de fe, a la acción de "actuar como si".

Es prepararnos de la mejor manera ante un hecho que aún no sucede, pero que tienes la certeza de que sucederá. Es tener la plena confianza. Esas acciones te impulsarán a pensar mejor, para que tu mente pueda experimentar una redimensión.

Te fijas que hay personas que, en algún momento, tienen una respuesta y una acción para todo. Es como si viajaran al futuro y generaran una contingencia ante cada hecho.

Pues, no es que sean adivinadores; nada que ver, solo son visionarios.

Un visionario es aquel que es capaz de prever cada movimiento en un complejo tablero de ajedrez llamado la vida.

- Muy necesario en la vida para expandir tu mente a otra dimensión: Nuevos Hábitos. Sí, hemos conversado ya del tema.

Los hábitos nos permiten evolucionar y dar grandes pasos hacia el complejo mundo que nos espera ante una nueva decisión. Pues algo sí puedo decirte es que, salir de tu comodidad no será fácil, pero sí te traerá la satisfacción de lograr lo que te planteaste en un inicio.

Los nuevos hábitos son la elongación y la plasticidad; que requieren tus pensamientos y tu mundo mental, para luchar por todo.

- Y finalmente, trata de traer a flote tu inconsciente. En donde residen las experiencias, los recuerdos, las acciones y los viejos aprendizajes; permite que se conecte con la zona consciente, para lograr una mente sólida y equilibrada.
Es por ello que tienes que dedicar tiempos de meditación, de proyección y de descanso.

"Pendiente, la mente nos miente"

Muchos de nosotros hemos visto ejercicios donde, por cierre perceptivo o por rapidez mental, incurrimos en el error de tomar una mala decisión o de emitir una opinión infundada, debido a los juicios de valores que tenemos.

Es por ello que, con cada decisión que la mente toma, es importante que establezcas un patrón reflexivo antes, de decir algo o ejecutar otra acción.

Pero ¿a qué se debe?

Esto sucede porque nuestra parte reactiva y nuestro cerebro primitivo, tienen la tendencia a tomar decisiones rápidas, debido a un razonamiento urgido del momento. Por ello, en muchas ocasiones se toman decisiones sin medir las consecuencias.

Esto pasa porque nuestro cerebro ha decidido ir por el camino más fácil. ¿Sabías que la mente es perezosa por naturaleza? Es por ello la importancia de entrenarla y de que tengamos el enfoque necesario para pensar, con tiempo, antes de determinar algo.

En nuestra mente existen muchos juicios de valor que nos hemos creado por lo que escuchamos y lo que vivimos. Ese conjunto de prejuicios crea una percepción hacia algo o alguien. A eso le denominamos cerebro emocional.

Muchas de las decisiones tomadas no miden las consecuencias debido a una reacción que bien pudiera ser defensiva. Ese lado del cerebro es rápido, automático y mantiene dominadas muchas decisiones.

Por lo tanto, hay un nuevo enfoque, al que denominan inteligencia emocional, que debe ser la encargada de controlar todos esos sentimientos ante un hecho, y proceder a emitir un juicio de valor que sea preciso, que lleve su tiempo, y que permita reflexionar con atención plena.

Te puede suceder que deduces un hecho sin antes percatarte de la realidad del contexto; solo la mente consciente será la que evitará que cometas un error.

De hecho, hay malas vivencias que, sin darte cuenta, generan una equivocada percepción de un alimento en particular, pues está relacionado con ese hecho. Entonces, tu mente te hará reaccionar negativamente. Puede ser una fragancia, o algún lugar en específico.

Por ejemplo, puede suceder con la pérdida de un ser especial en un lugar. Para todos, es el mejor lugar del mundo, pero para ti es un sitio oscuro, no te genera nada, y nunca volverías a ir.

Tu prejuicio sobre ese lugar te lleva a creer que es un lugar espantoso, pero realmente no lo es.

Estos hechos pueden extenderse a otras situaciones relacionadas con una persona, un lugar, una percepción, entre otros, y es el cerebro emocional quien actúa sin darte cuenta. Por ello, requieres de entrar en plena consciencia de tus actuaciones.

Capítulo 9: Importancia de eliminar la procrastinación y cómo la autodisciplina es la clave del éxito

Hemos hecho todo un recorrido por aquellos elementos que impiden el logro en nuestras metas, pero también aquellos que son fundamentales en el crecimiento durante la vida.

Muchos de nosotros tenemos la tendencia de negar que somos responsables de gran parte de lo que sucede en nuestra vida, y sí, hay ocasiones muy excepcionales, donde por causa mayor estamos enfrentados a un hecho que nos supera.

Pero en lo demás, eres tú el responsable de tus acontecimientos, de tus causas y, por ende, de las consecuencias de lo que haces. No puedes permanecer inerte en el mundo, viendo como todos los demás pasan por tu lado, superándote, creciendo y obteniendo mayores resultados.

Por ello, tanto la procrastinación, como la autodisciplina, se contraponen.

Y lo digo con la certeza que genera el saber que he dejado muchas cosas para otro momento, pero que luego entiendo que muchas decisiones solo se presentan una vez en la vida. No podemos permanecer estáticos.

Mientras que, en el mal de postergar las cosas nos escudamos en falsos conceptos de la autodisciplina, hay un espíritu de acero dispuesto a seguir adelante sin importar las veces que no se ha logrado la victoria.

Importancia de Eliminar la Procrastinación:

En primera instancia, debes tener muy claro si tienes la tendencia a dejar las cosas para otro momento. No olvides que hicimos un recorrido para identificar la procrastinación en las personas.

Hay dos elementos que conllevan al postergar las cosas:

Eficiencia: nadie que deje todo para última hora, para otro día o para la otra jornada, puede ser una persona eficiente. La eficiencia está relacionada con el hecho de cumplir a cabalidad con las labores en el hogar, el trabajo o en los estudios.

Una persona que deja todo para el otro día representa un alto riesgo para la productividad de una empresa, por lo tanto, es un punto de cuidado.

Por otro lado, existen personas que, para disimular la procrastinación, incurren en el grave error de ocultar las verdades y de no hacerse responsables de sus acciones. Al final, se constituyen como individuos deshonestos.

Eso sí es grave. Pero llega a ser un hábito en tu vida, y te conviertes en el peor trabajador, en el padre que no cumple las promesas y en el vecino con quien nadie cuenta.

Eso no dice nada positivo de ti y, por lo tanto, es momento de tomar medidas en el asunto. El mal hábito de postergar los compromisos y las responsabilidades puede ser hasta letal para tu salud. Es una carga que se hace pesada y es inversamente proporcional al éxito que deseas alcanzar.

Imagina por un momento que has logrado desechar la procrastinación. Eres competente, responsable, puntual y tienes tiempo para muchas cosas en tu vida. Vale la pena el esfuerzo.

Productividad: todo jefe desea tener a alguien productivo, proactivo, creativo y lleno de energía. Pero, cuando la procrastinación invade tu mente, nada de eso fluirá, pues eres un reflejo de la irresponsabilidad. Tus días están contados en el trabajo. Pero, peor aún, al ser una persona con el hábito de dejar las cosas para otro momento, corres el riesgo de perder a tu familia, y te quedarás en un letargo sin fin, hasta quedar solo y abrumado.

Parece un paisaje bastante oscuro, pero es la verdad. No exagero en decir que es fundamental que saques de tu vida la procrastinación, pues te afectará en todo sentido.

Por lo descrito, es momento de tomar medidas, y de hacer un cambio en la concepción que tienes del mundo, dejando a un lado la procrastinación.

La Autodisciplina es la Clave del Éxito

De igual modo, tenemos en el otro extremo a la autodisciplina, como la punta del iceberg de quién eres en realidad. Una persona con disciplina es capaz de generar cualquier tipo de motivación, pues se ha hecho de una serie de herramientas importantes.

Los buenos hábitos son visibles, todo es un engranaje perfecto y, aunque tendrás días de muchos problemas, serán más los momentos de satisfacción, pues has entendido que tienes el éxito en tus manos.

Cuando el individuo acoge el sistema de la disciplina, va comprendiendo que, poco a poco, requiere de otros aspectos, de nuevos hábitos y de un mejor modo de vida. Si algo tiene la autodisciplina, es que te permite entrar en un nuevo nivel de comprensión, que genera beneficios en ti y en todos aquellos que te rodean.

No es una ficción, se trata del "secreto público" de muchos emprendedores en el mundo. Grandes exitosos como Steve Jobs, Jeff Bezos, Sam Walton, entre otros, alcanzaron el éxito al no dejar de persistir en sus sueños.

Todos ellos tuvieron que pasar por momentos oscuros y difíciles... unos más que otros. Otros emprendedores comenzaron de la nada, sus sueños nacieron en los recovecos de su mente, en una pequeña habitación, o en la esquina de un aula de clases.

Todos ellos se formaron bajo condiciones contrarias, no crean que el emprendedor tiene todo a la mano. No te dan la bienvenida al mundo de los emprendedores; tampoco cuentas con el apoyo total de tu familia y el dinero no abunda. Quizás, ellos vienen de fallar en otras ideas; pero tienen un espíritu ferviente que les hace luchar sin rendirse. Esos personajes se forjaron en el fuego de la autodisciplina.

Aun así, ninguno de esos momentos difíciles resultó ser un contratiempo, y eso se debe a que las personas con alta disciplina no sienten la obligación de hacer lo que tienen que hacer. Ellos tienen la seguridad de que solo seguir adelante es lo que les permitirá el logro de sus metas.

Hay una motivación suprema. Ellos saben aprovechar los momentos y también tienen adversidades, pero sacan provecho de cada momento de su vida.

La autodisciplina te permitirá entender lo que sucede a tu alrededor. Habrá enorme claridad en cada uno de tus pasos, pues reconocerás lo que sucede. No harás nada a medias y persistirás en encontrar la respuesta a los hechos que sigues sin comprender.

Basado en el conocimiento del contexto que te rodea, tendrás la capacidad de tomar decisiones acertadas y, si no sabes, no te costará apoyarte en el equipo de trabajo, pues liderarás y considerarás que cada uno es importante.

Un individuo auto disciplinado se toma su tiempo, pero no dejará de tomar una decisión.

Hace lo que tiene que hacer y no se permite postergar una responsabilidad. Aún, dejar de hacer algo representa un hecho que está dentro de su planificación. La autodisciplina es la llave que abre las puertas, en la medida en que tus patrones conductuales cumplan con las expectativas internas y externas.

Capítulo 10: Comprométete contigo mismo, no te dejes para después. (Esfuerzo)

Uno de los aspectos más determinantes en la vida de todo individuo es lograr entender qué quiere en la vida y hacia dónde va.

Muchos estamos cargados de miles de responsabilidades, comprometidos con la sociedad, con el trabajo, con la familia, con el amigo, con el vecino... hay tantos compromisos, que deja de haber espacio para ti.

Muchos piensan que resulta egoísta pensar en nuestros sueños, pero es parte de los principios de cualquier persona que desea alcanzar el éxito. "Quien no se ama no tiene la fuerza de amar"

Y así inicia este proceso. Si no tenemos la concentración y la fuerza para fijarnos en nuestros logros y aspiraciones, jamás podremos extender el mundo de éxito que hemos dibujado en nuestra mente.

Quizás eres el tipo de persona que se encuentra en medio de un torbellino, con muchas decisiones que giran alrededor de ti, y te resulta muy agobiante tomar el camino indicado, pues esa decisión puede cambiar el rumbo de tu vida.

A veces, es difícil establecer un rumbo o una dirección, pues eso implica dejar a un lado los sentimientos y las emociones. ¿Cómo saber cuál será la mejor decisión? Pues, nadie lo sabe. En ese momento hay que utilizar dos destrezas necesarias: la razón y la intuición.

La razón te permitirá sopesar en una balanza las ventajas de ir hacia un destino específico. Te proyectas en el futuro y te miras en cada circunstancia. No te engañes. Por ello, te recomiendo que escribas cada resultado obtenido tras un importante análisis.

Establece las razones. Si es necesario, puedes aplicar un análisis con oportunidades y amenazas.

De seguro tendrás muchas dudas, así que, por ahora, sigamos al siguiente paso.

La intuición, es la parte primitiva que tenemos. Está en la zona reptil y maneja muchos impulsos solo por corazonada. Su motor de acción se basa en hechos y antecedentes, así como en la visión de algo que solo tú sabes. A veces, se mueve bajo un juicio de valor, pero deja un espacio necesario para volver a confiar en alguien.

Muchos grandes empresarios y líderes del mundo terminan tomando decisiones solo por intuición y, ello se debe, a que luego de muchos estudios, análisis, reuniones y consultas, decidir se pone difícil. Se van a su casa, meditan lo trascurrido y hacen lo que tienen que hacer.

Para triunfar en la vida es necesario pensar en uno mismo. Un ser auto disciplinado sabe que, para conquistar, es necesario ser aventurero y, muchas de las historias escritas (y que aún están por escribirse) dependen, en gran medida, de la capacidad de establecer un compromiso contigo mismo.

Eres tú Prioridad:

Comprometerse significa dejar a un lado todas esas acciones que, de alguna manera, te impiden concretar esa promesa. Un compromiso es un pacto. Así que, es la hora de establecer un pacto contigo.

No puedes postergar tu camino al éxito y tu destino a ser feliz. Sí, es cierto, quizás sea muy difícil, pero ya es hora de luchar por tus sueños. Es posible que tengas dudas en ese deambular, pero no puedes olvidar que todo lo que obtengas se retribuirá de manera centrípeta.

La fuerza centrípeta explica la generación de una energía circular que se mantiene en constante movimiento, y cuyo punto en el centro tiene la mayor concentración de poder.

Si tomas ese compromiso, y o conviertes en tu fuente de motivación, generarás una energía tan fuerte que provocarás un movimiento circular constante y potente.

Tu compromiso contigo está en el centro, y todos los beneficios de tus logros irán ampliándose a tu familia, a tu campo laboral, a tus amigos, y a todo aquel que se acerque a esa fuerza motora que nadie puede detener, pues todos los días su combustible nace de la motivación que tiene para seguir.

Tu fuerza centrípeta está bajo control, tus emociones y acciones se concentran en un solo punto: la meta que quieres.

Es por ello que muchos consejeros indican que, en el orden de prioridades, debes estar de primero. Nadie puede dar lo que no tiene.

En cierta ocasión, un avión experimentó una fuerte turbulencia. Fue tan estrepitosa que, el personal recordó a los pasajeros cuáles eran las acciones a tomar en caso de emergencia. De repente, los respiradores se desprendieron de la parte alta de los asientos.

Una madre desconsolada, en medio de los nervios, trató de poner primero la mascarilla a su bebé, pero en medio de los fuertes movimientos, fue víctima de los nervios y fue afectada por un ataque de asma.

Afortunadamente, una azafata fue en su ayuda, le colocó a la madre la mascarilla y luego al niño. Al pasar la turbulencia, la dama, agradecida, se acercó a la gentil chica, y ésta le recordó:

"Cuando damos las indicaciones, siempre primero debe usted colocarse la máscara de oxígeno para luego asegurar a su hijo. En esos momentos, la primera que puede salvaguardar a su hijo es Usted. Por lo tanto, asegúrese primero, no es un acto de egoísmo, es un protocolo de seguridad"

Esas palabras llegaron a la joven madre, pero luego entendió que la inteligencia emocional debe entrar en ejecución para la seguridad de ambos.

Es posible que algunas de nuestras decisiones se vean así, como en esa escena. No quiere decir que siempre serás primero en todo, pero en muchos momentos se requiere de pensar con el enfoque necesario para determinar que el próximo movimiento puede ser clave en el logro de tus triunfos en la vida.

¿Dónde quedarán todos esos sueños si has librado una vida luchando por el sueño de otros? Eres dueño de tu destino, pero mañana no puedes culpar a nadie, ya que tu futuro reside en tu toma de decisiones.

Hay actos muy simbólicos en nuestra vida pues, aunque parezca increíble, los seres humanos respondemos muy motivados a recordar esas extrañas promesas. Por ejemplo, reunirte todos los años en el mismo lugar con tu esposa, compartir religiosamente con el reencuentro universitario, hacer promesas de mejorar entre tus compañeros de trabajo, entre otros.

Te invito a establecer un acto donde te comprometas contigo mismo y tengas algún elemento que sea testigo de tu promesa. Anótalo en tu habitación y compra un objeto que te recuerde lo que tienes que hacer.

Establece el compromiso de conseguir el éxito que merece tu vida. Es la alianza que harás con el nuevo "Yo". Y así, con el pasar de los años irás concretando cada meta hasta ver realizado la visión de lo que quieres para ti.

De eso se trata la felicidad, de sentirse plenamente realizado. Y, cada individuo, en su justa medida, será el responsable de romper las fronteras para conquistar nuevos sueños.

Capítulo 11: Elecciones y decisiones

¿Te has preguntado cómo sería tu vida si hubieses tomado otra decisión en un momento determinado? Es una pregunta que más de uno se ha hecho y, es que muchos de nosotros meditamos antes de dormir sobre los hechos que acontecen a nuestro alrededor.

"Más vale haber dicho que sí", "Por qué me cuesta tanto decir no", "Y si me hubiese quedado al margen". Son muchas las cosas que nos atormentan y que, al mismo tiempo, representan algo importante en nuestro presente.

Aunque, no podemos arrepentirnos de lo que hemos hecho, sí existe un margen para determinar lo que nos conviene o lo que no.

Todo en nuestro camino depende de decisiones, para bien o para mal. Ellas, cohabitan en nuestras vidas como una carga o como una fuerza de impulso. Decidir no es nada fácil y, en esos momentos claves de la vida, es vital que establezcas un debido análisis de las cosas.

"Elegir y decidir" Dos palabras cuya aplicación determina tanto y en las que concurren innumerables hechos, que han afectado la historia de la humanidad. Y hoy ¿Cuál es la decisión que vas a tomar en tu vida?

Existen conflictos en nuestras vidas que nos impiden tomar una decisión o elegir cual es el mejor camino. En todo caso, tenemos que aprontar una solución, porque no se puede esperar que el momento llegue y agobie, causando estrés general y, en consecuencia, que se tomen malas decisiones.

En muchas ocasiones tomamos muy malas decisiones por un mal criterio de los hechos o del contexto que nos rodea y, aunque no es la regla, a veces es necesario reflexionar muy bien acerca de lo que haremos a futuro.

Una persona con autodisciplina es capaz de estimar los daños colaterales de una decisión pues, como es sabido, todo lo que hagamos es efecto, pero se convierte en una causa de los hechos siguientes.

Es una cadena constante, sin fin, y que genera consecuencias en ti y en tu ritmo de vida. Aunque, todo depende de la magnitud de los hechos.

Por otro lado, toda decisión debe pasar por un mínimo de atención: debe ser analizada para encontrar cuáles fueron las razones que llevaron a tomarla, quién podría estar afectado, y qué tanto me beneficia en el mañana.

Además, es importante que te hagas las siguientes preguntas:

¿Ocurrirá algo? Sin duda es la primera pregunta de muchas. Si lo que harás resulta intrascendente, pues carece de importancia, por lo cual, cada paso que des en la vida debe estar marcado y forjado con el hierro de decisiones que tienen esencia, valor y que dejarán un aporte sustancial al logro de tus metas.

No puedes andar tomando decisiones solo para afectar a alguien, o porque tus emociones han dominado tu razón. Ese tipo de reacciones, a la larga, generan efectos negativos.

Recuerda que la disciplina te guiará por el camino para conseguir el mejor disfrute de lo que quieres. Y sí, es innegable que muchos queremos demostrar muchas cosas, sobre todo a aquellos que nos desestimaron. Tranquilo, no te preocupes, la mejor forma de lograrlo es triunfando y siendo ejemplo en la vida de otros.

¿Cuáles son las consecuencias en mi entorno? Otra pregunta que debes hacerte. Y, si de alguna manera afectará a alguien apreciado por ti, recuérdale que todo será para mejor. Entonces tendrás la motivación para demostrar que no te has equivocado.

Sin embargo, trata de medir el impacto en otros pues, a veces, aunque tengamos la fuerza para tolerar o asumir algo, muchos seres queridos se sienten afectados y, quizás, no entienden las razones. El éxito de la decisión dependerá de la manera en que comuniques las razones, ya sea en tu trabajo, en tu hogar o en un entorno social.

Y claro, la pregunta clave es, ¿qué gano y qué pierdo con esta decisión? Como notarás, todo está relacionado. Cada decisión debe ser balanceada en función del pasado, el presente y el futuro.

Y no es que nos preocupe tanto lo que pasó, sino que el pasado te guiará con la sabiduría de la experiencia. Pese a que estás en un camino lleno de "minas explosivas", ya conoces la ruta. Así que recurre al pasado cuando sea necesario.

El presente te llevará al análisis de los hechos en su justa medida, analizando el origen de la decisión y si, de alguna manera, sigue el patrón para alcanzar tus metas. Requieres de tu inteligencia, y por qué no, de apoyarte del equipo que te rodea. Ten en cuenta que la intuición jugará un papel importante.

El futuro es lo que no sabemos; pero la autodisciplina te ha convertido en un ser sabio, sin fisuras, y ahora te proyectas en cada posibilidad que pudiera presentarse al tomar una decisión. Nadie conoce el futuro, pero de seguro hay pequeñas "señales" que te guiarán y que te ayudarán a sentirte seguro.

Tanto el pasado, como el presente y el futuro, te enseñan que no hay nada mejor que tomar las decisiones en su justa medida. No puedes demorarte demasiado, tampoco ser muy precipitado, pero nunca dejes de tomar una decisión. A menos de que no hacerlo, ya sea en sí misma, una respuesta ante el problema.

Por otro lado, está el tema de la elección. El tener algunas variantes frente al tablero, en donde se ponen varias opciones posibles.

Ese tipo de situaciones, realmente, son muy complejas, pues si bien es cierto, hay algunas muy sencillas, pero también hay elecciones que son muy complicadas. De seguro, a esta altura en tu vida, tienes el dilema de entender qué es lo que puedes hacer.

Elegir viene del latín "eligere", que puede traducirse como "escoger" y se deriva de los siguientes léxicos:

El prefijo "e-, ex-", que es sinónimo de "de entre" y El verbo "legere", que se utiliza para hacer referencia a "escoger".

En concreto, es tomar una opción ante varias otras existentes. Si bien es una acción distinta a decidir, las decisiones provienen de conceptos y preceptos que tomamos desde el interior de nuestra mente.

Pero, la elección nos presenta dos o más opciones. Por un lado, resulta algo sencillo, pues si tenemos que decidir, siempre escogeremos lo mejor para nosotros. Pero, ¿qué sucede cuando las opciones son interesantes y, en medio de todo, podría afectar a terceras personas?

En ese momento, cuando la decisión deja de ser sencilla, pasa a convertirse en una decisión seria.

Debemos entender, sin embargo, que podemos tomar decisiones sin elegir, pero para una elección hay que tomar una decisión.

En el camino hacia una óptima autodisciplina, el elegir representa un acto muy importante, pues es cuando definimos dónde queremos trabajar, quiénes serán nuestros amigos, la pareja con la que queremos compartir, entre otros aspectos.

Todos esos elementos tienen una incidencia directa en la conformación de nuestro carácter y en la manera en la que entendemos muchas cosas.

En el camino hacia el éxito es necesario elegir sabiamente. Pero, ¿cuántas veces nos hemos equivocado al elegir mal?

Muchas veces, y seguiremos equivocándonos en muchas decisiones. Lo ideal es tratar de disminuir el margen de error, para tener menos complicaciones en nuestro recorrido.

Las elecciones, en muchas ocasiones, dependen de la experiencia que hemos adquirido en la vida, y claro, del conocimiento que tengamos frente a un hecho.

Hace algunos años, un juego de TV se hizo muy famoso, en donde las personas escogían respuestas entre varias opciones e iban avanzando hasta llegar a la pregunta 15. Al llegar allí, el premio mayor era para el individuo, quien demostraba conocimiento e inteligencia.

De hecho, tenía algunos comodines de apoyo, que podían pedirse entre el público presente. Nos referimos al programa popular "Quién quiere ser Millonario"

A veces, quisiéramos que la vida fuese tan sencilla a la hora de elegir. Pero podría decirte que, en muchas ocasiones, tenemos la posibilidad de apoyarnos para tomar decisiones importantes.

Los comodines a la hora de elegir

Tenemos frente a nosotros una serie de opciones, muchas de ellas definirán gran parte de nuestro futuro laboral o familiar. Por lo tanto, se necesita de la mayor concentración. Hay muchas personas a la expectativa.

Existe tensión y preocupación, como si se tratara de un programa de TV. Entonces, llega el momento de decidir cuáles son esos comodines que podrían permitir que elijas de manera adecuada.

Entre ellos tenemos:

La audiencia: en ese programa había la opción de consultar a la audiencia, que no era más que permitir que las personas pudieran votar para apoyar la respuesta. En muchos de los casos, la audiencia no se equivocaba. De hecho, no tengo memoria de un error de la audiencia.

Eso se debe al comportamiento estadístico ya que, por lo general, la mayoría tiene la razón.

Es posible que estés en el momento de elegir, y no sabes qué hacer. Siempre la primera consulta es a lo interno. Te debates y reflexionas acerca de una elección. Pero, ¿qué sucede cuando no tienes la respuesta?

Entonces es momento de recurrir a la audiencia. "La audiencia" se refiere al comportamiento social frente a un hecho. Son las experiencias por las que han pasado otras personas y, a partir de esos informes, podrás tener la intención de tomar una decisión.

Es importante que partas de tu experiencia personal, pero cuando nunca has tenido un antecedente frente a un hecho, entonces es necesario que análisis los antecedentes que otros individuos han experimentado.

Las estadísticas casi nunca fallan, a menos de que sea un comportamiento social irregular o que esté fuera de lo común. Por ello, tras no tener una respuesta, la audiencia te puede ayudar a tomar el mejor camino hacia la elección adecuada.

¿Qué sucede cuando la audiencia no sabe, no existen datos sobre el hecho o no sabes quién se ha enfrentado a situaciones similares? Es muy complicado. Entonces es hora de llamar a un amigo.

Llamar a un amigo: siempre existe ese alguien en nuestra vida que tiene la respuesta a muchas situaciones. Por ello, su presencia y su conocimiento serán fundamentales en la toma de tus decisiones. Por mucho que te sientas preparado, siempre es importante confiar en el equipo, o integrar a alguien que posea nuevas habilidades.

No tienes mucho tiempo para tomar la decisión de "consultar". En la vida real, los demás no pueden esperar para que hagas una elección. Tampoco nadie está dispuesto para ti las 24 horas. Sin embargo, siempre ese amigo estará. Por ello, no dudes en preguntarle porque sabes muy bien que te dará la respuesta adecuada. Ten en cuenta que debes tener la garantía de que sea una persona objetiva, y que realmente se preocupe por tu bienestar.

En este apartado quiero que entiendas algo claramente: ese amigo sólo te ayudará a tener una mejor visión de las cosas, pero debes saber que nadie es culpable de las decisiones que tomas en la vida.

Sin embargo, ayudará de mucho tener a alguien de experiencia que nos brinde una mejor visión de una situación.

El 50/50. Sin duda, en medio de una situación que nos ponga a elegir, pues es muy importante que descartes. Comienza a evaluar entre los más factibles y, luego, quedarás con menos opciones a elegir. Esto te permitirá tener una mejor visualización.

Por ejemplo, si tienes que elegir entre varias opciones laborales, comienza a presentar cada una de las ventajas o desventajas. Poco a poco, lograrás tener el panorama más claro.

A diferencia de los otros "comodines", en éste, tendrás un mayor protagonismo pues, por descarte, buscas establecer lo que más te conviene para el futuro.

Como verás, tomar una decisión no es sencillo, pero elegir tampoco lo es cuando hay varias opciones complejas. En estos casos, debes buscar entender cada escenario, para entender qué consecuencias podría traerte.

Cuando reúnas la suficiente voluntad para ser disciplinado, entonces empezarás a tomar mejores decisiones.

Capítulo 12: La perspectiva y la perseverancia

No podemos conseguir mejores metas en nuestra vida si no tenemos una nueva perspectiva, lo que nos obliga a redimensionar nuestra visión.

La perspectiva es la visión que tienes de algo en particular. Por ello, está muy ligada a los planes que deseas emprender para concretar tus metas.

Sin embargo, la perspectiva está muy relacionada a un gran aspecto: la perseverancia.

Si tenemos una eficiente perspectiva, combinándola con perseverancia en lo que hacemos, es muy probable que solo sea cuestión de tiempo para obtener resultados.

Veamos cada uno de esos aspectos de manera conceptual.

La Perspectiva:

También es cierto que existen personas que mantienen una clara perspectiva, al punto en el que su plan les ha dado muchos resultados, como para ser considerados como personas exitosas.

Pero, realmente, ¿qué es la perspectiva?

Generalmente, la perspectiva está asociada a la visión que tenemos de la vida y, en función de ese panorama, creamos un plan de vida que, hasta ese momento, más nadie está viendo. Por ello, se habla de que hay personas con "gran perspectiva."

Por otro lado, la expresión está muy relacionada al punto de vista de cada individuo.

Perspectiva proviene del latín perspectivus "relativo a lo que se mira'", derivada de perspicere 'mirar atentamente o a través de algo', compuesta de la preposición per 'a través de' y specere 'mirar'.

Entonces, la definición nos deja un claro concepto de la palabra: es la forma en como miramos la vida a través de la visión que tenemos sobre ello.

Por eso, cada emprendedor, líder o toda aquella persona que emprende un proyecto, elabora un plan individual que solo él entenderá a razón del punto de vista que aplicará.

Es así como la perspectiva podría ser explicada como cuando un pintor comienza a crear su obra de arte. Nadie la entiende, al principio son solo trazos, pero cuando la termina, su obra tiene una interpretación de la vida, basada en los colores, líneas, sombras y hasta del uso de un lienzo en específico.

Eso se aplica al arte, pero nadie puede negar que la vida es arte. Cada persona establece los patrones conductuales que, a su juicio, serán capaces de culminar lo que quiere hacer.

Para unos es un camino largo, pero para otros es corto; mientras que para unos es fácil, para ti puede ser muy complejo.

La perspectiva es como el mapa hacia el progreso, pero tampoco es un esquema rígido, pues esa perspectiva puede evidenciar ciertos cambios que serán para mejor o para peor. Todo dependerá de las elecciones que tomes en la vida en función de la autodisciplina que dispongas para ese momento.

Existe lo que se llama dirección y sentido. La perspectiva está concadenada con esas dos definiciones pues, en su conjunto, determinarán el éxito que anhelas.

La mente tiene que estar muy atenta a la perspectiva pues, de lo contrario, será un viaje vacío y sin sentido.

En este aspecto quiero detenerme por un momento.

El sentido es el significado que le damos a las cosas y a los planes de la vida. Por medio de él encontramos mayor orden en lo que hacemos. Desde un punto de vista físico, es la orientación que fijamos hacia algo o hacia un lugar, considerando que es parte de un plan de conseguir lo que queremos.

Si deseas realmente llegar a un lugar pues, lógicamente, debes darle sentido a tu vida. Quizás es una expresión muy escuchada y un cliché moderno, pero no hay nada más cierto que eso.

No es suficiente caminar, avanzar o imprimir toda la fuerza necesaria para seguir nadando en "un mar" de problemas.

Podemos tener la mayor fortaleza, las mejores herramientas para triunfar en la vida, pero, ¿de qué sirve todo si no tenemos clara nuestra orientación?

Por otro lado, está la dirección, que hace referencia al rumbo que tenemos. Va unida al sentido para establecer una bitácora clara y precisa.

Muchos de nosotros nunca llegamos a lo que queremos pues no estamos claros en lo que necesitamos hacer. Los grandes líderes del mundo estaban claros en eso para poder sustentar su visión y para que fuese respaldada por sus seguidores.

Digamos que la perspectiva es parte de la seguridad y de la confianza con que avanzamos. Pero si no hay una expresión cierta de nuestra dirección y de nuestro sentido, no llegaremos a ningún lado.

Por ejemplo, imagina que Bill Gates, cuando empezó a crear su imperio, no tenía claro lo que quería, pues no llegaría a ningún lado. Tuvo que tomar decisiones que fueron muy criticadas. Muchos se alejaron de él, otros se sumaron. Pero cada adición en su equipo de trabajo debía estar fundamentada en la aceptación de un plan de trabajo que tenía una visión muy clara: quería marcar un mundo donde las computadoras hiciesen más fáciles algunos procesos.

En realidad, Gates no inventó nada o, por lo menos, no lo hizo de forma directa. Cada invento tuvo como protagonistas a su equipo de trabajo. Algunos otros adelantos fueron impulsados por él, pero ingeniados por un grupo de personas que cumplieron parte del sueño de este gran emprendedor.

Bill Gates estaba claro con la perspectiva que debía asumir; pero, además, le sumó sentido y dirección a cada plan. Ahora, aunque parecen planes aislados, cada uno era parte de un proyecto más grande, hasta que, en el momento menos esperado, surgió un imperio mundial con él a la cabeza.

¿No deseas encontrar el éxito, estás agotado de buscar la felicidad, lo intentas una y otra vez, pero sientes que cada esfuerzo es en vano? Pues, déjame decirte que tu momento llegará en cuanto apliques una perspectiva sólida y le ofrezcas sentido y dirección a tu emprendimiento.

Además, puedes tener un excelente plan de trabajo, pero si en esa barcaza todos reman en sentido diferente, es probable que se quede en el mismo sitio, sin avanzar y solo dando vueltas.

Tienes que precisar en la vida si vas a la derecha, a la izquierda, seguirás al centro o, por otro lado. Ubícate en el espacio.

¿Dónde estás parado en el plano existencial del mundo, por dónde sería más factible que logres tu objetivo?

Es momento de ajustar ese volante. Imprime velocidad, y ajusta tu vida en función del mapa que ya tienes en tu mente. Si es necesario cambiar la bitácora de tu vuelo, pues no es problema, sólo no debes perderte, debes seguir con perspectiva todo lo que haces.

Nuestra vida es como un avión en medio de una turbulencia, atrapado sin nada en el horizonte, pero que cuenta con una torre de control que le brinda instrucciones para evitar que se estrelle.

La torre de control en tu vida es la perspectiva, el sentido te lo dará el plan que hay en tu imaginación, y la dirección será cada uno de los objetivos que van fluyendo, poco a poco.

Por muy desastroso que se vea, si esos objetivos se están cumpliendo, entonces puedes estar tranquilo. Sigue adelante, el plan se está cumpliendo. En este caso, necesitarás de un elemento primordial: la perseverancia.

La Perseverancia:

No hay nada en la vida que se consiga sin perseverancia. Si bien es cierto, hay personas que consiguen algunas metas de forma fácil, pero es muy probable que lo que estemos viendo sean solo pequeños objetivos de una gran meta que persigue ese individuo.

La perseverancia es uno de los valores más requeridos a la hora de conseguir un plan. Si no persistimos en lo que queremos, será imposible que llegue la recompensa.

Crecemos viendo a esos héroes de novelas, de películas, de grandes logros y hazañas, pero, sin duda, uno de los valores en los cuáles siempre nos queremos ver reflejados es en la perseverancia.

¿Cuán difícil es para los seres humanos ser persistentes? Renunciamos muy fácil a nuestros sueños. Dejamos atrás las ilusiones de grandes personas. Dejamos de soñar, de la noche a la mañana, porque ya hay un obstáculo pequeño que interfirió con el proceso.

"La marca esencial que distingue a un hombre digno de llamarse así, es la perseverancia en las situaciones adversas y difíciles".

Fue una frase de Beethoven. Y cuanta verdad hay encerrada en esa afirmación, pues nosotros, todos, tenemos la mala costumbre de dejar todo para última hora, de postergar los proyectos y de olvidar el porqué de algo. Sencillamente desistimos. Quizás esa es la peor derrota, no seguir luchando.

La palabra **perseverancia** viene del latín "perseverantia" que significa constancia, insistencia.

En el camino hacia la autodisciplina es la clave, es la fuerza que mantiene unidos los eslabones de la perspectiva que tienes para cumplir objetivos.

Ningún plan puede avanzar si no hay perseverancia. Los seres humanos requerimos que ese valor crezca más en nosotros, pues al mismo tiempo nos convierte en personas más valientes, llenos de ideas, y en conjunto con la motivación, son ingredientes necesarios para alcanzar el éxito.

El que es perseverante saca lo mejor de las cosas, y de cada derrota aprende algo nuevo, pues tiene claro que debe seguir sin importar cuantas veces ha caído.

Insiste una y otra vez en lo que quiere. ¿De dónde crees que saca fuerzas para seguir perseverando? Pues se mira en el espejo y entiende que ya no puede seguir dependiendo de otros, que no puede abandonar sus sueños una vez más; mira la suela de sus zapatos y, pese al desgaste, no se priva y entiende que, detrás de los obstáculos, viene una gran bendición para su vida.

Un ejemplo de perseverancia fue Milton Snavely Hershey, el creador de los famosos chocolates. Realizó los estudios en confitería, para luego dedicarse a la confección de dulces. Primero, hizo un intento para montar su fábrica en Filadelfia, pero fracasó.

Luego, lo intentó Nueva York y Chicago, tratando de ubicar un mejor público consumidor. En ambos casos fracasó.

Con un sentimiento de derrota, decidió regresar a casa, al lado de su Madre y su Abuela, quienes le apoyaron en su proyecto. Entonces, iniciaron una pequeña empresa en Filadelfia.

Confeccionó unos caramelos en base a leche, y dado su gran sabor, se convirtió en un éxito. Sin embargo, ese no era su sueño, él quería más. Así que decide vender esa fábrica por el valor de 1 millón de dólares. Un excelente precio para finales del siglo XIX.

Milton tenía un objetivo, tratar de competir en el mercado con el apreciado chocolate suizo, por lo que creó un chocolate con leche, muy distinto al consumido en su país.

Así llegó el éxito. Hoy en día, uno de los chocolates más vendidos en el mundo es el "Hershey". En cada aeropuerto del mundo, de seguro verás algunos de esa marca.

Quizás Milton pudo rendirse en el primer fracaso, y dedicarse a otra cosa, pero nunca desistió de su sueño.

De hecho, creó un nuevo sistema para preparar el chocolate al cual se le denomina el Proceso de Hershey.

Tienes un sueño, te preparas, estudias las experiencias de otros y cursas estudios con los mejores.

Pero, nadie te prepara para la derrota. Precisamente de ello se trata la perseverancia. Así como Milton, invertimos tiempo, dinero y capacidades, pero caemos una, dos y muchas veces.

El sentimiento de derrota nos invade y, ese instante, reflexionamos y decimos "Esto no es lo mío"

Sin embargo, en lo profundo de tu corazón hay un sentimiento que te dice "No lo hagas"

Esa voz es la perseverancia, es la persistencia, es la insistencia por lograr lo que queremos en la vida.

Hay un aspecto muy importante en la perseverancia. Y es que, en muchas ocasiones, y dado el sentimiento de derrota, creemos que ya es tarde para seguir. Pero, justo en ese instante recuerdas la chispa de ese sueño que te hizo recorrer todo ese camino.

Solo basta con una chispa para que se genere un gran fuego en nuestros corazones. No dejes que se apague. Lucha sin parar y persiste.

Puede que ese sueño evolucione en algo mejor, pero no permitas que ese fracaso te haga perder la guerra.

Muchas veces perdemos batallas importantes, pero eso no quiere decir que hayamos perdido la guerra. Aún hay mucho en ti para seguir adelante.

Solo sigue adelante, paso a paso, y no olvides hacer un replanteamiento, en caso de ser necesario.

Esto nos lleva al siguiente capítulo.

Capítulo 13: Trampas que desafían tu mente e influyen en la autodisciplina

Es probable que, durante mucho tiempo, hayas persistido con un sueño, intentándolo constantemente y sin rendirte. Sin embargo, la idea de que hacerlo es necesario no pasa por tu mente, porque consideras que, al no lograrlo, estás fracasando y te concentras es en eso.

A este punto, debo aconsejarte algo importante: Hay proyectos que deben ser dejados a un lado, cuando realmente están interfiriendo en el proceso de adquirir resultados. A la final, lo que realmente importa es ser exitoso, entonces debemos aprender a distinguir lo que no se logrará.

¿Parece una locura? Lo sé. Pero debo decirte que la mente juega con nosotros y nos plantea eternos laberintos, de forma muy inconsciente. No sabemos a dónde ir y son trampas que pueden ser muy peligrosas en nuestra vida.

Esas trampas son tendencias de pensamientos, ante hábitos de conductas que repetimos durante la vida. Si estamos acostumbrados a no renunciar a las cosas ante un problema, pues ese patrón se hará presente, aun cuando todo apunta que lo más correcto es descartar y cambiar de rumbo.

Aquí, es donde se vuelve muy importante el saber decidir cuándo aceptar que las circunstancias nos obligan a ceder.

Además, esas tendencias nos hacen perder el tiempo que debe ser invertido en otros objetivos para armar el gran rompecabezas que tienes por delante.

Hay algunos aspectos que hacen complicadas esas trampas:

- En primera instancia, están en nuestro mundo inconsciente y ello se debe a que hemos ejercitado la autodisciplina al nivel de no renunciar a los planes de la vida. Es por ello, que la mente hace una "jugada" que puede ser muy peligrosa para nuestro éxito. Pues nos tendrá envueltos en un posible dilema del cual no podremos salir, por un impulso habitual a "no renunciar".

Lo más correcto, en este caso, sería considerar esa derrota como parte del proceso de aprendizaje.

- Es una trampa que, aparentemente, no tiene ningún perjuicio, y entonces la mente te hace creer que su presencia no afecta en nada al plan de vida que tienes. Podría decirse que llegas al punto de convencimiento de que no hace daño y su presencia podría ser una opción a largo plazo para tu bienestar. Pero no es así. Recuerda que debes desprenderte de todo aquello que no es necesario en tu vida.

- Lo más grave de estas trampas de la mente, es que te has acostumbrado, es un hábito en tu vida, es una acción que te llevó años cultivar y, pues, no sientes que sea un problema. Sin embargo, desde una retrospectiva externa, es el principal problema que afecta tu vida.

Te costará desprenderte de ella, pues está a tu lado y es parte de ti.

Entre algunas de esas trampas, tenemos:

a. **Cuando la mente nos hace creer que debes persistir**: es una las trampas más comunes y es muy recurrente en las relaciones de pareja, pues nos hace entender que debes seguir luchando por el amor perdido, aun cuando todas las condiciones apuntan a que es momento de desistir. A fin de cuentas, muchos terminan obsesionados, lo cual es sumamente peligroso, porque se pierden en un laberinto oscuro y sin sentido.

b. **Cuando la mente nos hace creer que hay que invertir más tiempo o dinero**: éste es otro error muy recurrente en los negocios. Basado en muchas historias y en el aliento de algunos malos consejos, terminas en la bancarrota porque sigues invirtiendo más y más, en algo que no es lo tuyo. Tanto el tiempo como el dinero se han perdido, como para seguir pensando que tomaste una correcta decisión. Quiero aclararte que no es malo invertir más tiempo o dinero a un sueño, solo que hay que retroceder un poco y pensar si fue la decisión más adecuada.

c. **Cuando la mente nos hace creer que hay que tener una fijación en un objetivo**: es otro espejismo, pues esperamos algo que quizás nunca llegará. Debes, por un momento, confiar en tu instinto y analizar que las cosas no están dadas. En ese instante, entenderás que se ha perdido tiempo valioso porque, además, ese objetivo depende de un tercero. Y, ¿qué podría pasar cuando esa persona no tiene el mismo interés que tú? Es fácil imaginárselo.

d. **Haber dejado de hacer algo**: Es otra de las jugadas que nos hace la mente. En muchas ocasiones, terminamos con un terrible espíritu de culpa que no es positivo. Por lo cual, necesitas entender que te equivocaste. Perfecto, es hora de seguir, pero no puedes seguir estacado en el "pantano" que generan esos sentimientos de culpa.

e. **Cuando crees que eres capaz de todo**: es, de todas las trampas, la más terrible, porque es muestra de un nivel de desconfianza muy alto. Además, es evidencia de que no sabes trabajar en equipo; ya sea como líder o como parte de él. No puedes hacerlo todo, es vital que manejes un equilibrio, pues estás generando un desnivel, que traerá consigo desgaste y pérdida de interés.

Como verás, son algunas trampas en las cuales se suele caer y, eso se debe, a que hay una confrontación en lo que somos. Muchos de nuestros hábitos son realmente correctos, pero se tomó una mala decisión, y eso nos hizo incurrir en un círculo vicioso muy perjudicial. Por ello, algunos grandes empresarios terminan arruinados, y otras personas, con gran intelecto, nunca logran nada en la vida.

Existe una trampa extra, la cual es terrible. Ya la hemos conversado al principio, y se trata de la idea de dejar las cosas para otro día. Sí, nos referimos a la procrastinación.

f. **La Procrastinación**, es un enemigo de temer. En los primeros capítulos le dedicamos tiempo y espacio a un enemigo que, silenciosamente, nos hace incurrir en serios errores, pues maneja la postergación como una forma de autogenerar la justificación de que no está mal dejar las cosas para otro día.

Para algunos es un defecto, pero para muchos especialistas es una consecuencia de algún perfil psicológico. En todo caso, significa que algo no está bien, pues no hay ninguna fuerza de motivación regular para cumplir con las metas en el tiempo necesario.

Detrás de la procrastinación hay una larga lista de excusas que provocan una severa acumulación de tareas. Al final, el individuo acostumbrado a dejar todo para última hora, es incapaz de establecer un correcto paradigma de la vida. Y ello se debe a que solo cumple un patrón en función de lo que otros hacen.

Capítulo 14: El fracaso. ¿Cómo utilizarlo a nuestro favor?

Todos hemos experimentado un fracaso, pero son pocas las personas que se sienten cómodas al asumirlo. Unos, antes de hundirse un barco, prefieren huir, y se lanzan al mar, porque es un instinto de preservación. Pero, al final de la historia, el solo asumir las derrotas se convierte en una victoria.

He compartido contigo que, en muchas ocasiones, la experiencia juega un papel fundamental. Por eso, cada vez que fracasas, es una nueva oportunidad para hacer las cosas de mejor forma, porque tendrás la ventaja de conocer el camino.

Durante la historia del hombre hemos visto como las grandes sociedades han emergido, pero también han tenido que asumir sus derrotas y, desde las cenizas, han podido levantarse para ser grandes potencias.

Alemania, Japón, Francia, entre otros países, fueron devastados durante la II Guerra Mundial, pero aprendieron de sus errores para convertirse en naciones que ahora son ejemplo en el mundo.

Pero, ¿qué genera el fracaso?, ¿acaso es posible que ese sentimiento tan amargo nos permita crecer en la vida? Puede ser.

El sentimiento del fracaso

Hay algo muy triste y es que, cuando sabes y sientes que has fracasado, es cuando la derrota te hace sentir amargado y frustrado.

Recuerdo muy bien que, en una ocasión, como fanático del béisbol y fiel seguidor de los Yankees de Nueva York, seguí a mi equipo favorito durante toda una temporada. No vi todos los partidos, pero sí me enteraba de cada resultado.

Finalmente, llegó la Serie Final contra otro gran equipo. Fueron siete partidos que se libraron a muerte y, aún en el último momento, tenía la esperanza de que podíamos ganar el campeonato.

Luego, llegó ese hit. El que nos quitó de las manos el anhelado trofeo.

Pasé una noche terrible; la verdad es que estuve de mal humor durante

144

varios días, así como muchos de mis compañeros se burlaban y me hacían sentir peor. Pero, a la larga, el sentimiento se va perdiendo y surge la esperanza de que vendrá otro campeonato que será mejor.

No hay ni punto de comparación con ver cómo tu equipo favorito es derrotado, pero es algo que nos hace expresar como seres humanos. A fin de cuentas, al arraigarnos con algo, empezamos a experimentar un sentimiento de identidad y familiaridad.

Cuando has fracasado en un negocio, un emprendimiento o en tu ámbito laboral, los sentimientos son más poderosos y, en muchos casos, inmanejables, por muchos de nosotros.

Pero, no todo puede ser así. Puedes superar ese momento, y puedes sacarle el provecho a esa derrota. Eso te permitirá ser tu mejor versión, aún en el día más oscuro.

Una derrota puede describirse como lo contrario a la felicidad y, por lo tanto, no hay "ganas" de seguir adelante.

Luego de superar ese momento de "duelo" podrías entender que las mejores cosas están por venir.

Un individuo que ha desarrollado una personalidad fuerte a través de la autodisciplina, es capaz de superar cualquier mal momento, teniendo como punto de apoyo la seguridad de saber que puedes superar cualquier cosa, porque tienes la fuerza y la grandeza de hacerte más fuerte luego de cada derrota.

¡Cuidado con el Síndrome del Fracasado!

El Síndrome del Fracasado es la sensación que invade a una persona luego de asimilar varias derrotas y de no tener una respuesta para poder salir adelante.

En este tipo de síndrome, las personas no pueden salir de esa fosa que se llama *derrota*. Y son tan persistentes en el tema, que logran contagiar a otras personas con esa desmotivación.

Las características de una persona con el Síndrome del Fracasado son:

- Siente que no ha logrado nada: sin duda, es el principal sentimiento. "Perdí mi tiempo", "No logré nada"; son parte de las expresiones que evidencia una persona que se siente fracasada.
No logra entender que pueden abrirse otras oportunidades y, además, la depresión y la desmotivación se evidencian en su comportamiento.
- Siente que no tiene posibilidades: aun cuando siente que la derrota no es su responsabilidad, las consecuencias latentes radican en que siente que no tiene posibilidad alguna en su campo laboral, en su hogar o ante un nuevo emprendimiento.
- Tiene miedo a otro fracaso: no puede emprender algo nuevo, pedir una nueva oportunidad de trabajo, reiniciar su vida, entre otras acciones, pues sencillamente tiene miedo de volver a perder o a fracasar. No comprende que las derrotas son parte de la vida, y si no asume otra actitud, pues nunca podrá superar el momento oscuro que está viviendo.
- Por otro lado, hay otra particularidad en aquellas personas que tienen el síndrome del fracasado: siempre se sienten insatisfechas y nunca lo que hacen es suficiente. Lo cual, les convierte en personas obsesivas, sin dirección ni rumbo.
- Lo peor, es que muchas personas se terminan de abrigar en ciertos vicios como el alcohol o las drogas, como efecto placebo. En resumen, el individuo pierde el control de su vida.

Ahora, si te identificas con alguna de esas características, es hora de que rompas ese ciclo. Los seres humanos estamos hechos para triunfar, pero también para experimentar derrotas en nuestra vida. Nadie está exento al fracaso, pero todos tenemos la oportunidad de convertirlo en un triunfo.

Ver lo bueno de lo malo: Convirtiendo el fracaso en una ventaja.

Muchos de nosotros hemos pasado por un mal momento, pero lo más complejo es entender cómo podemos superarnos, aun cuando acabamos de pasar por una dolorosa derrota.

Lo primero que debemos aceptar es la realidad de que hemos sido derrotados. Si nos cubrimos de excusas, es probable que nunca entendamos porqué suceden las cosas en la vida.

Digamos que tu vida es un conjunto, en donde lo positivo y lo negativo conforman un solo ser. Tal cual es la sociedad, con elementos negativos y positivos.

146

Sin embargo, si no logras comprender el concepto de derrota, no estarás preparado para disfrutar de un triunfo. Pues, entre los sacrificios que exige la autodisciplina, está el tener un sentido de conciencia sobre cada acto que ejecutes en el día a día.

Entre las ventajas de la derrota, podríamos identificar:

1. **Todo se trata de un aprendizaje**: sin duda, cuando sufrimos una derrota, bajo la óptica del análisis, es muy probable que experimentemos una mejor visión de las cosas, en donde entendemos la razón de una circunstancia.
   No es igual tratar de entender algo que le ha sucedido a alguien, a compartir una enseñanza, porque la entiendes a partir de la experiencia.
   Cuando entiendes el punto de vista de la derrota, puedes ser capaz de voltear las condiciones, al estar preparado para la victoria.
   No olvides que en la vida se requiere de motivación para enfrentar, con fuerza, cada momento oscuro. Ten en cuenta que, después de la tormenta, llega la calma.

2. **Pensamiento autocrítico**: nadie es capaz de aprender el valor de algo si antes no ha pasado por el momento de la pérdida.
   Aun cuando muchas personas tratan de entender las emociones de recuperarse, por "ponerse en los zapatos del otro", no será lo mismo.
   Ese momento te hará tener la empatía necesaria para aportar una crítica clara y precisa de un hecho en particular. Es lo que se llamaría ser objetivo.

3. **Te permitirá salir de la peligrosa zona de confort**: muchos no han experimentado una derrota o no han podido superarse a sí mismos porque no han sentido la necesidad. Cuando se "sale" de la zona de tranquilidad tras una derrota, se entiende la importancia y el poder que tiene una persona para superarse cada día más. Nada mejor que saber que no somos invulnerables, para entonces sacar las energías y emprender un mejor camino.

   Estamos atados a ese espacio, sin saber que algo mejor nos espera. Por lo tanto, en una jugada de la vida, tenemos que salir de un grupo social, de un ente laboral o de la tranquilidad de vivir en una ciudad, para así iniciar un viaje que nos llevará directo al éxito.

4. **Motiva la creatividad**: pues sí, cuando hemos "perdido" y tenemos la entereza para entender las razones de la derrota, de seguro tendremos una idea del origen y sus consecuencias. Pero, surge algo más y es que, comienzas a buscar una solución.

Más allá de que cierta parte de nuestro ideal se ha derrumbado, comenzamos a idear un plan y, pese a que muchos te dicen que no hay solución, inicias un estudio que permite el crecimiento creativo de todo el potencial que hay dentro de ti.

Luego de entender el problema, confirmas tu teoría: no hay solución para ese problema en ese camino. Entonces, la solución es abrir un nuevo sendero, desconocido, pero que posiblemente brinde la solución esperada.

Eso se debe a que tienes una mejor idea de lo que ha sucedido y, por lo tanto, empieza un proceso de descarte.

Algo muy importante es que, comienzas a "depurar" ese círculo que amistades, y ello te enriquece más.

5. **Te muestra una mejor versión de ti**: sin duda, al poder superar una derrota, logras entender que eres más fuerte de lo que otros creían, y de lo que tú creías. "Jamás pensaste que superarías ese momento", pero allí estas, calmado, con más energía, y con la plenitud y seguridad que brinda la satisfacción de la experiencia.

Capítulo 15: Eliminar las excusas

Las excusas son la terrible muletilla del mundo actual. Estamos rodeados de personas que hacen uso abusivo de circunstancias ajenas para justificar sus errores. Pero, lo peor, es que hemos incurrido a la excusa, y hasta a justificar su existencia como un mal necesario.

La excusa no tiene cabida en una persona con autodisciplina, pues suele hacer lo necesario para cumplir con sus responsabilidades, asumir sus culpas y cumplir con su palabra.

Una excusa puede ser el inicio de una enorme cadena de mentiras, ya que, en un determinado momento, no tendrá nada más qué decir, salvo inventar algún acontecimiento para salir airoso de sus responsabilidades.

Una excusa es lo contrario a la sinceridad.

Hay personas que utilizan pretextos para excusarse, pero sin darse cuenta, de que genera una ruptura en la confianza que las personas tienen en ti, porque tarde o temprano, entenderán que no les fuiste sincero.

Al final, un pretexto es una falsedad, corrompe poco a poco nuestros valores y la ética que has construido durante toda tu vida.

Un pretexto es una excusa falsa, un motivo o causa que se alega para hacer o dejar de hacer algo. Una excusa, en cambio, puede ser tanto falsa, como verdadera.

Se constituye en fiel aliado de la postergación, pues las personas incurren en la excusa para dejar las cosas para otro día. Pero, más grave aún, es que muchos individuos caen en la procrastinación porque son muy buenos para excusarse.

Consecuencias de las excusas:

Pueden existir muchas razones para excusarnos en la vida, pero eso es una "muletilla" en el complejo proceso del crecimiento.

Muchos vivimos afianzados en una estructura que se construye sobre la base de una excusa, pero muy en el fondo, sabemos bien que es evidencia de una serie de factores que arruinan tu vida y te convierten en alguien más débil.

a. **Las excusas limitan tu vida**: digamos que una excusa es proyectar mis culpas hacia otra persona o al contexto que me rodea. Lo cual es totalmente opuesto al punto anterior, que es aprovechar nuestra derrota para un crecimiento.

   Alguien que vive de la excusa tiene en mente que nada de lo que sucede es su culpa. Por lo tanto, ha creado un mecanismo de defensa que lo hace irresponsable ante ese hecho.

   Al no aceptar su error, jamás será capaz de entender cómo mejorar en la vida. Por ello, vivirá atascado en un pequeño mundo donde solo él tiene la razón y donde sus fallas y errores son consecuencia del error de otros.

   Es increíble pensar que la excusa termina afectando la conducta del individuo, pues poco a poco, se debilita en sus conceptos y su perspectiva de la vida se hace endeble, llegando al límite de carecer de sentido en lo que hace. Al final termina solo, pues la sociedad rechaza inmediatamente las personas que no aceptan sus culpas.

b. **No es tomado en cuenta**: por otro lado, existe en nuestra mente todo un concepto irreal de lo que sucede. Así, quien usa la excusa como un vicio, termina arraigado en un mundo carente de respuestas.

   Al final es aislado, sus ofertas laborales merman, se siente inútil y, en cierto modo, carece de motivación.

c. **Revela que hay miedo**: otra de las graves consecuencias de excusarse, o tener el hábito de la excusa, es una revelación de que las personas tienen miedo. Y es lógico, cuando alguien se excusa no quiere asumir su culpa por miedo a algo. Además, es evidencia de que siempre toma el camino más fácil, cuando en realidad se requiere ser más fuerte.

   Un ser auto disciplinado es capaz de asumir cada responsabilidad, tanto en las buenas como en las malas, pues entiende que cada derrota le podría servir en el camino de su formación.

Como verás, para nada ayudan las excusas, entonces es necesario eliminarlas y así poder ser una mejor persona.

En una sociedad tan exigente como la de hoy, se requiere de personas con un mejor perfil en sus valores. Y la excusa no es precisamente la mejor carta de presentación.

Lo más terrible de todo, es que terminas excusando tus derrotas, para establecer una idea hacia el exterior de que nada de lo sucedido es tu responsabilidad.

Pero engañas, y no tienes la fuerza para asumirlo. Ya es momento de que la excusa no reine en tu vida. *El primer paso es sincerarse.*

Capítulo 16: Cómo ser auto disciplinado sin ser influenciado por un ambiente tóxico

El camino para ser una persona autodisciplinada lleva su tiempo, y establece una serie de parámetros que deben ser logrados en función del éxito. Recuerda que la autodisciplina incluye una serie de valores y principios que hacen de ti un mejor individuo.

Pero, en el camino de esa formación, hay muchas personas que quieren tratar de afectar elementos tan importantes como el positivismo, las ganas de seguir adelante o el respetar a los compañeros. A ese tipo de individuos los llamamos "tóxicos" y crean un mal ambiente en el sitio donde están.

Son como una máquina generando contaminación. Tienen la tendencia de criticarlo todo, y no se detienen en sus ansias de ver fracasar el proyecto de los demás.

Se manejan con toda la astucia; son manipuladores, se sienten víctimas y buscan personas con un carácter débil para poder dominar. Al parecer, su felicidad gira alrededor de la tristeza de muchos.

Pero, ¿cómo puedes superar una persona así?, ¿qué herramientas puedes aplicar para poder ignorarlas, o mejor aún, lograr que sus palabras no te afecten en la conformación de tus aspiraciones?

La cuestión se vuelve más complicada cuando en un ambiente laboral, en tu hogar o algún sitio que frecuentas, hay varias personas con mala actitud y son "tóxicos" por naturaleza. Entonces, ese lugar se constituye en un ambiente tóxico.

Perfil de una persona tóxica:

Una persona tóxica reúne todo un conjunto de características que hacen de su vida algo problemático, haciendo que en donde lleguen generen un torbellino de inconformidad, pues sus acciones y expresiones solo buscan debilitar a quien está a su lado.

Entre las características de una persona tóxica tenemos:

- No han madurado emocionalmente, a veces recurren a la broma o a la lástima como mecanismo de defensa para no atender o enfocarse en sus problemas. Utilizan la burla como parte de su cortina y arman un "show" cuando se sienten atacados.
- Tienen la particular habilidad de hacer sentir mal a sus compañeros; tienen una falsa humildad y pretenden ser escuchados, cuando en realidad quieren humillar al resto.
- Sobrepasan los límites del respeto, descalifican y hay una sobre exigencia con aquella persona que ha constituido en "víctima". Generalmente tienen una compañía que les secunda en todo, pero en realidad se constituye en una mascota para apetecer sus ganas de hacer sentir mal a alguien más.
- Todo lo critican; tienen serios prejuicios y sus valores son "elásticos" de acuerdo a las aspiraciones y metas que persigue.
- Son naturalmente narcisistas, por lo tanto, se creen perfectos, y crean un mundo que aparentemente lo es. Sin embargo, son un completo desastre.
- Son muy buenos manipuladores.

Como te darás cuenta, una persona tóxica no es víctima, es un victimario; ubica a su "presa", alguien más débil, y trata de socavar los principios de aquellas personas a quienes, evidentemente, les tiene envidia.

¿Cómo un ser auto disciplinado, o que desea serlo, puede sobrevivir en ese ambiente? Imagina que no hay solo una persona tóxica, sino varias. Sería insoportable. Pero siempre hay opciones para mejorar y sobrevivir a esa carga constante.

Pero, ¿cómo sobrevivimos a un ambiente tóxico?

Como te darás cuenta, sobrevivir a un ambiente tóxico requiere de una fortaleza extra. Hay que establecer muy claros objetivos y no permitir que ese tipo de individuos te hagan sentir mal.

Primero, hay que determinar algo: ¿estás dentro de la tendencia del problema o eres víctima del ambiente tóxico?

Segundo, hay una pregunta aún más comprometedora y que debe ser contestada con la sinceridad que amerita nuestro estudio: ¿Soy una persona tóxica?

Si es así, mereces darte una mejor vida, pues las personas tóxicas tienen un desgaste emocional extra que no favorece en nada, y al final, quedará solo y vacío sin nadie con quien compartir buenos momentos.

Pero, si no eras parte de la tendencia "tóxica" y estimas que eres una víctima o, sencillamente te has mantenido al margen, pues es momento de tomar algunos consejos muy importantes.

a. Una persona tóxica recurre a un arma milenial, que es fuente de malestar y genera conflictos: el chisme.

Si alguien se acerca a ti, pues entonces corta la cadena, no te dejes llevar por los rumores de alguien más o, ¿por qué no? trata de solucionar el problema.

Hazle saber a esa persona que, si vas a dedicar tiempo para hablar mal de alguien, pues que no lo haga, porque sencillamente no te importa.

No podemos permitirnos que nos falten al respeto hablando mal de alguien porque, además, cada persona tiene sus conflictos.

b. Conviértete en una persona productiva: cuando existen esos ambientes tensos, donde hay un liderazgo mal aplicado, es fácil dejarse llevar por la corriente tóxica. La mejor forma de salir ileso de ese sitio es siendo productivo. Si te dedicas a trabajar y a resolver, en vez de generar más complicaciones, de seguro podrás crear una burbuja a tu alrededor.

Además, si no eres el líder, poco a poco sumarás adeptos a tu causa, pues no hay nada más admirable que aquella persona que sabe lo que quiere y trabaja solo en sus metas y proyectos.

Ahora, si eres el líder de ese grupo, el mejor consejo es asignar actividades; cada uno estará tan ocupado en sus labores que, al final, sabrás determinar quién es el tóxico o los tóxicos del lugar.

Por otro lado, es importante que sumes y no restes. No dediques tiempo a personas tóxicas porque, por mucho que quieras ayudar, esa persona requiere de ayuda profesional.

c. Elabora un plan de trabajo para poder obviar ese ambiente. Además de concentrarte en otras actividades, también puedes concentrarte en algo recreativo, de esparcimiento, que te distraiga la mente. De no ser así, estarás creando un ambiente lleno de mucha hostilidad.

Es muy terrible cuando en tu hogar convives con alguien tóxico. En ese caso, lo mejor es demostrar con tu ejemplo que ese pesimismo en nada ayudará.

Pero, como ya he compartido contigo, tienes ya una idea de cómo es una persona tóxica, entonces trata de alejarte. No ayudará en nada en la conformación de ese individuo exitoso que aspiras ser.

¿Qué sucede cuando esa toxicidad atenta contra tus valores, tus principios y tus buenos hábitos? Debes comprender que es hora de marcharse: elabora un cronograma de actividades pendientes, cumple con tu trabajo, trata de alejarte de cualquier discusión, empieza una nueva búsqueda, y cuando sientas que es el momento, solo hazlo. Es hora de buscar otro lugar.

Por mucho que pretendas cambiar el mundo de otras personas, de nada servirá si ese individuo no quiere cambiar; debes entender que un tóxico no aspira a nada, salvo a hacer sentir mal al resto o arroparlos con sus emociones "oscuras". Ese sitio no te conviene.

Capítulo 17: Cómo enfrentar tus miedos

Uno de los elementos que más detiene, frustra y daña las aspiraciones de las personas, es el miedo. Es el detonante de posibles depresiones, así como el nacimiento de fobias y hasta el causante de la pérdida del interés por luchar.

Mucho se ha dicho sobre el miedo, pero lo cierto del caso es que cuando tememos a algo, y no lo enfrentamos, se convierte en una carga difícil de llevar.

El miedo es una de las emociones básicas, que genera una incertidumbre y una paralizante reacción que nos impide actuar ante algunos hechos. Pero también activa los mecanismos de defensa y acción ante algo que atenta contra ti.

El miedo se puede enfrentar y, bien canalizado, puede convertirse en una gran arma en medio de una circunstancia que escapa de nosotros.

El miedo, dada su función de reacción y protección ante un peligro, es el estado de alarma que genera diversas sensaciones en las personas.

Existen dos tipos de miedo. Uno que es completamente favorable, y el otro que retrasa y detiene tu accionar.

- El miedo funcional es aquel que te permite tener una reacción, pues el cerebro ordena que el cuerpo entre en modo defensivo y hasta permite segregar ciertas hormonas, para permitir una estrategia defensiva ante una circunstancia adversa.

En ese caso, el cuerpo recibe altas dosis de adrenalina, lo cual permite que nuestro cuerpo pueda enfrentar con mayor fuerza lo que significa una amenaza.

En ese instante, el corazón bombea más sangre, se dilatan las pupilas y hay una mayor segregación de azúcar en la sangre. Todo para obtener mayor energía y mejorar la efectividad de los sentidos.

- Por otro lado, está el miedo disfuncional, el cual no es adaptativo y, lejos de ser un mecanismo de protección, se constituye en una amenaza, pues entorpece todas nuestras actividades.

Es el tipo de miedo que podemos experimentar ante un ataque, en medio de una exposición ante un gran público, o cualquier acto donde sintamos que no estamos preparados para enfrentarlo.

Este miedo está muy asociado a experiencias pasadas, pues nos genera una inestabilidad que imposibilita tomar control de la conducta. Es como cuando quieres expresar algo a una chica, pero por nervios no eres capaz de decir palabra alguna. Quizás algún rechazo en el pasado sea la causa.

Es el más familiar, pues está más asociado a experiencia comunes. Por lo tanto, es el que de seguro has experimentado muchas veces en tu vida.

Pero, ¿cómo podemos enfrentar los miedos?

Existen muchas técnicas, que no son nada del otro mundo, pero que todas tienen en común, la idea esencial de que se deben enfrentar los miedos o, de lo contrario, serás esclavo y presa constante de ese sentimiento en tu vida.

Es natural que tengas miedo ante hechos que te superan, pero cuando enfrentas una situación regular, pues es importante que tomes control de tu vida.

No es igual sentir miedo ante el anuncio de un "huracán", o ante el anuncio de que tienes que defender el proyecto de la empresa ante nuevos inversionistas.

Son dos aspectos muy distintos.

Por ello, nos enfocaremos en el miedo disfuncional. Ese que nos trastoca e impide que tengamos la reacción más adecuada ante situaciones de rutina.

1. **Reestructuración cognitiva**: la aplicación de la técnica permite que podamos tener una reorganización de muchos conceptos que, hasta ese momento, consideramos peligrosos, pero que, en realidad, un poco del conocimiento del tema permitirá tener control del miedo presente.
    Por ejemplo, tienes la idea de que no eres capaz de hacer las cosas bien en tu trabajo, y temes que en cualquier momento te despidan. Pero eso no es cierto, resulta que eres muy bueno en lo que haces, solo hace falta que lo veas de esa manera para que te atrevas a ejecutar otras labores que, hasta hace poco, consideraste que no podías hacer. Hay que vencer el temor a equivocarnos.

2. **Afrontar el miedo**: nada mejor que afrontar el miedo que tenemos ante determinadas circunstancias. Por ejemplo, si siempre tuviste miedo de manejar autos, pues es el momento de aprender y superar esa barrera. ¿Cómo? haciéndolo.

   Otro caso muy común es cuando sabes que tienes una gran idea, pero, por temor al fracaso, pues no te atreves. No temas, solo avanza y, si no sale a la primera vez, pues tendrás nuevas oportunidades.

   Los grandes emprendedores se atrevieron a explicar propuestas que para muchos eran locura y hoy son pilares del mundo moderno.

3. **Practica aquellas situaciones donde sabes que sientes miedo**: si eres del tipo de persona que se paraliza a la hora de presentar un informe, pues tan solo hazlo una y otra vez. Pide ayuda y practícalo con un amigo.

   Recuerda que la autodisciplina exige nuevos hábitos, por lo que lograr reacomodar tu cuerpo y mente requiere de práctica. Tan solo debes brindarte la oportunidad de hacerlo.

4. **Concéntrate en las victorias más que en las derrotas**: otro aspecto que nos hace agonizar ante el miedo es que recordamos, una y otra vez, una mala experiencia de hace muchos años. No te detengas en pensar en el momento en el que tuviste miedo. Recuerda aquellos momentos donde te sentiste seguro para tomar las medidas necesarias en el momento indicado.

5. **Haz una lista de tus miedos**: reconocer los miedos es parte del trabajo para seguir adelante. Debes salir de ese confinamiento y demostrar que sí puedes. Así que debes hacer una lista de aquellas situaciones que te generan miedo y buscar la forma de confrontarlo. Pero, sobre todo, no debes tener miedo de equivocarte.

   Generalmente, el miedo es la emoción que se produce al creer que no podemos hacer algo, que nos equivocaremos, o que no seremos capaces de lograrlo.

Warren Buffett, el multimillonario inversionista, durante mucho tiempo, tuvo miedo a expresarse en público. Eso era un gran obstáculo en su vida, por lo que decidió hacer un curso para mejorar ese aspecto.

Buffett entendió que, si no era capaz de comunicarse y de expresar sus ideas, jamás podría conseguir las metas que se había planteado, por lo que hizo un curso con otras personas.

Al final, Buffett entendió que para poder superar sus retos debía aprender a comunicarse con otros.

Es vital que hagas una reformulación de tus capacidades y de la realidad del conocimiento que has aprendido. O en todo caso, reformular el concepto que tienes de algo o de ti mismo.

Todo radica en tu mente, y de seguro que tendrás la fuerza necesaria para superar cada miedo y convertirlo en una fortaleza en tu vida.

Capítulo 18: Cómo utilizar la meditación para vencer la procrastinación y ser disciplinado

La procrastinación es uno de los males del mundo moderno, y como te lo he comentado, representa uno de los malos hábitos que hacen nuestra vida más complicada.

Ello se debe a que dejas todo para última hora, ya las cosas no son iguales y, encima, tienes el alto riesgo de postergar importantes compromisos que pueden ser vitales para tu desarrollo.

En ese sentido, es una trampa de la mente al hacernos creer que siempre hay tiempo para todo, pero eso no es cierto. Todo tiene su momento, sí, el cual es muy distinto, pues debemos designar el espacio necesario para lo que realmente es importante.

Al ser un mal hábito de la mente, ¿cómo lo podemos vencer?

Pues es sencillo, con la misma mente, como tal.

Una de las herramientas más importantes es la meditación pues, por medio de ella, podemos establecer una serie de patrones que irían desde dentro de nuestros pensamientos, hacia la práctica de una vida más responsable en la distribución del tiempo y las labores asumidas.

La meditación es un acto de encuentro contigo mismo, pues tratas de apartarte del mundo exterior para tener una conversación con el mundo interno, sin que esto signifique algo que requiera de mayor esfuerzo.

En ese momento, podrás delimitar tus metas, la manera de vencer tus miedos y lograr un mejor enfoque acerca de algo que sucedió.

Quizás al inicio sea un poco complicado pues no estas acostumbrado a mantener la mente reenfocada. Es como una evaluación hacia lo interno y con tendencia a lo reflexivo.

Recuerda que muchas de esas voces que quieren hacerte creer que "tranquilo, tienes tiempo" pues provienen, en gran parte, del inconsciente. Por lo tanto, requieres hacer entender mediante la meditación, que requieres optimizar tus logros. Para ello, hay que rendir mejor cada jornada.

Por medio de la meditación adéntrate en reflexionar y aprehender que:

- Es importante que reconozcas que no puedes hacerlo todo. Por lo tanto, aprende a decir que no. Plantea que lo poco que tendrás a tu cargo, o bajo tu responsabilidad, será realizado en el tiempo establecido. Es preferible la calidad antes que la cantidad.

- Medita, y en ese espacio de descanso, aprende a desconectarte del internet. Adiós WIFI, cero redes sociales, cero distractores.

  Es momento para demostrar que tienes control de tu tiempo y, sin duda, el internet es uno de los mayores factores de distracción de las personas. En ese instante introspectivo, es vital que determines el espacio para navegar en internet.

- Aprende a ser consciente de tus hechos y de tus pensamientos. En el momento que dediques para meditar, sea de noche o de mañana; analiza las acciones de tu jornada diaria: tus logros, tus fracasos, tus errores y el momento que fue desperdiciado. De seguro, verás una fisura en tu cronograma.

  Entonces, trata de curar esas grietas temporales que son desperdiciadas y asume nuevas metas de producción.

- Ejecuta lo que debes hacer. No pierdas tanto tiempo en pensar lo que harás. Solo hazlo y optimiza tu capacidad de lograr muchas cosas. Cuando logres convertirlo en un hábito, verás cómo rinde tu tiempo y tendrás el espacio necesario para otras actividades.

- Es muy probable que en ese espacio de meditación tu cuerpo te pida un momento para descansar. Entonces hay que dárselo; eso sí, que sea por un tiempo estimado, de manera que no se constituya en un espacio de ocio. Es solo para descansar: tomar un café, tomarte unas horas del fin de semana para un largo sueño, caminar por el parque; o cualquier actividad que te permita relajarte.

Capítulo 19: Ejercicios: Cómo organizar el tiempo, definir prioridades, objetivos y actuar.

Una de las situaciones más complicadas para muchos es lograr ajustar el tiempo, pues significa organizar completamente todo.

Quién logra establecer un cronograma ajustado a cada una de sus necesidades y compromisos, es realmente una persona planificada. Eso lo puedes lograr mediante la autodisciplina.

Te logras ajustar a cada una de las situaciones, pero sin salirte del plan maestro que tienes para tu vida. En ciertas circunstancias, es posible hacer modificaciones, pero todo dependerá de la capacidad para restar tiempo a algo y sumarlo a otra cosa de mayor importancia.

Pero, ¿cómo podemos organizar el tiempo, cuando es lo que menos tenemos? Sin duda, es un gran paradigma.

Organiza tus prioridades:

Trata, en lo posible, de hacer un listado de las responsabilidades más importantes, partiendo de mayor a menor importancia. Basado en ello, lograrás tener una idea, no sólo de cuál es la prioridad, sino también el verdadero objetivo.

En ese sentido, establece un proyecto de lo que realmente es importante, así como el tiempo que le dedicas a esas actividades. Claro, recuerda que debes abordar todos los campos de tu vida. No debes dejar a un lado aquello que emocionalmente te satisface, como la familia, la pareja y el tiempo con los amigos.

Luego de tener una pirámide de prioridades, comienza a determinar el tiempo que le dedicas a cada una de esas áreas a medida que trabajas.

Organiza el cronograma en función de los compromisos a corto, mediano y largo plazo:

Además de establecer las prioridades del día a día, es necesario que ordenes los compromisos y su inversión de tiempo, en función del cumplimiento de las responsabilidades. Es decir, si tienes un compromiso, en aras de ordenar alguna entrega o cita, entonces debes establecer cuáles son las metas a cumplir. Considera el hecho de que pasar tiempo con tu familia también es un logro.

Por otro lado, trata de colocarlo en sitios visibles, de manera que puedas recordar diariamente las fechas y lugares en donde debes estar, para que puedas responder bien al compromiso establecido.

Sin embargo, hay otras labores que, aunque no son prioridades, siempre representan algo importante para ti, como: ir al cine, pasear, hacer algún hobby, entre otros.

Luego de tener esas prioridades establecidas y ordenadas por importancia y por fecha, ahora viene algo muy importante: ACTUAR.

Cumplir los objetivos y darles forma a los proyectos

Tras lograr que tus objetivos tengan un orden en cuanto a las prioridades y al tiempo disponible, viene lo fundamental: concretar lo pensando respecto a las acciones.

En ese sentido, debes estar muy enfocado, sin obviar las necesidades y puntos a discutir. Todo plan tiene una medida justa de elasticidad y, por lo tanto, siempre debe estar abierto a cambios que sean para bien y con la justa intención de que sean concretados.

Es importante que consideres:

Ese objetivo tiene que ser factible, debido a que un proyecto busca eso, evaluar que tenga un alto grado de factibilidad.

Un buen plan piensa en los pros y los contras, pero, además, crea un estudio de lo que realmente puedes realizar.

Es por ello que, en ese concepto, debes entender si el emprendimiento es posible o si cuentas con los recursos, el tiempo y la capacidad.

Claro, hay planes muy sencillos, pero hay otros que realmente lucen imposibles. No se trata de abusar de las ganas, o engañarte, sino de darle la seriedad que te mereces, estableciendo metas que puedas lograr.

Lo ideal es establecer un punto medio que te permita considerar todos los aspectos para salir adelante.

Debes tener paciencia:

Muchos de nosotros creemos que un plan, por ser muy bueno, tiene el éxito asegurado. Pero, hay condiciones que a veces retrasan los objetivos. No olvides que vives en una sociedad y son muchas las variables.

Por lo tanto, debes tener paciencia, no puedes apurar las cosas, porque todo se dará en su justo momento. Solo debes avanzar en el cumplimiento de las metas, y poco a poco se darán los resultados.

A veces, entramos en zona de conflicto y se nos sale de las manos la situación; si te llega a suceder, ten a la mano un plan de contingencia.

Un aspecto que debes tener en cuenta es saber renunciar al proyecto. Parece contradictorio, pero si luego de un largo proceso de reflexión y de análisis, consideras que hay aspectos externos que afectan el proyecto, entonces es de sabios dar un paso a un costado.

Pero, si en ese análisis entiendes que hay que esperar un poco más, entonces consulta y toma la decisión más adecuada.

Muchas veces un plan requiere de la atención necesaria, tanto para cumplirse como para saber si perdió factibilidad. Te repito, vives en una sociedad que es muy cambiante, con elementos muy elásticos y que pueden modificar toda la idea preconcebida.

En ese instante es bueno consultar con quienes hayan tenido una experiencia. Debes tener mucho cuidado con las trampas de la mente. Por lo tanto, te recomiendo que, llegado ese momento, medites todo lo necesario. El buen pensar siempre llevará a buenas ideas. Y una buena planificación llevará a buenos resultados.

Capítulo 20: Formas prácticas de entrenar tu autodisciplina y de alejar la procrastinación

Contigo he compartido diversos ejemplos de autodisciplina, de autodeterminación, de enfocar y reenfocar lo que aspiras conseguir en la vida.

Sin duda, los hábitos positivos son necesarios para tener una vida plena y llena de autodisciplina, por lo tanto, queda de tu parte echar el resto y mantenerte en forma.

No olvides que para ser el mejor requieres hacer lo mejor. Por lo tanto, necesitas una rutina que permita pulir tu autodisciplina.

No olvides que, entre más disciplinado seas, más alejada mantendrás a la procrastinación. Se adversan, son como el agua y el aceite. No puede decirse que alguien es auto disciplinado si está habituado a dejar las cosas para última hora.

Por ello, considera algunos aspectos para entrenar tu autodisciplina:

- **Necesitas mantener la rutina con todos los hábitos necesarios que te permitan ser autodisciplinado**. No olvides que todo lo que en la vida se deja de practicar, en esa misma medida se olvida.

  Pero, la autodisciplina no es como cualquier hábito, pues representa una serie de buenas costumbres que conforman un perfil.

  Un ser autodisciplinado tiene claro algo: hacer lo correcto. Ello le impulsa a ser un buen ciudadano y le eleva a ser mejor en la vida.
  Por ejemplo, si llegas a un punto en el que sientes que has logrado todas tus metas, felicitaciones, eres un exitoso. Pero no puedes detenerte aquí. Ahora, analiza aquellos aspectos que puedes fortalecer, más como individuo, como líder y, sobre todo, como ejemplo en tu hogar.

- **Acostúmbrate a elaborar un plan** en cada destino que definas en tu vida. Aunque parece tedioso, es la mejor manera de mantener la autodisciplina en su mejor nivel. Quizás hay momentos en los que no requieres anotar lo planeado, pero es recomendable cumplir los pasos de la lista de pendientes.

- **Trata, en todo lo posible, de mantenerte lejos de aquello que te perjudica**: si siempre tienes la idea de alejarte de aquello que atenta contra ti, contra tu salud, contra tu familia y contra tus logros, de seguro que te mantendrás alerta y eso te obligará a disciplinarte, así como en comenzar a pensar en dejar un legado.

- **Un buen líder forma otros líderes** y, en consecuencia, si ahora eres la persona que persigue otros logros y quieres escalar a mejores posiciones, nada mejor para ejercitar la autodisciplina que permitirte ser ejemplo en la vida, pues sabes muy bien que otros te observan, y que la única forma de mejorar la sociedad es dejando una herencia comprometida por un mejor futuro.

- **Siempre hay algo nuevo que aprender en la vida**. Adquiere otros hábitos, no puedes detenerte en el proceso de aprendizaje.

Todos los días hay algo nuevo que aprender, así que no puedes detenerte. Si eres joven, pues el mundo espera por ti para lograr cosas más grandes.

Recuerda que los grandes emprendedores y líderes consiguieron muchos objetivos a temprana edad, y eso les permitió recorrer un camino más largo.

No es que la edad sea una limitación, pero definitivamente tienen más tiempo. No entres nunca en una zona de confort. Sí debes descansar, pero sentirás que puedes hacer mucho más. Si mantienes esa actitud, la autodisciplina siempre perdurará en tu vida.

Los límites siempre los pondrás tú.

Conclusiones

Sin duda, la autodisciplina es el eje que mueve los grandes logros de la vida. Los grandes líderes del mundo pasado siempre tuvieron como escudo la disciplina, y su espada era el emprendimiento.

Quizás uno de los grandes marinos de la historia fue Cristóbal Colón, un italiano que no destacó mucho por su inteligencia o por su habilidad como capitán, pero creían fervientemente en una idea a la cual él dio forma.

Si los grandes filósofos decían que la tierra era redonda, aun cuando la sociedad no lo concebía así; entonces había algo al otro lado del mundo. Decidió presentar su idea, tuvo una oportunidad y no la desaprovechó. Fueron días difíciles, pero su autodeterminación y la autodisciplina que tuvo, lo llevaron a obtener un premio mayor: encontrar no solo un nuevo camino a Las Indias, sino también encontrarse con un Nuevo Continente.

¿Te imaginas cuántas veces le reclamaron que iban a morir por sus "ideas locas"? Cada noche se concentraba en sus estudios. Más de dos meses de penurias, hasta llegar a una remota isla que solo era señal de que un gran continente estaba cerca.

Ellos pensaron que eran Las Indias, pero más que encontrar una nueva ruta, tuvieron un gran encuentro con la historia.

A muchos, como a Cristóbal Colón, los han tildado de locos por querer presentar nuevos retos. Otros han fracasado, pues la principal batalla se gesta en nuestra mente.

Sin embargo, hay un factor que todo lo impulsa: la autodisciplina.

Tenemos una excelente idea, queremos plantear una solución ante un problema y desfallecemos ante las críticas y el ambiente tóxico. Luego, dejamos los objetivos y metas para otro día, postergamos todo, y el tiempo se encarga de sepultar lo que nos habíamos propuesto.

No te permitas eso, no incurras en ese error; es momento de tomar fuerza y establecer un nuevo plan que solo podrás lograr asimilando una vida llena de hábitos positivos, los cuáles se irán forjando con el fuego de la autodisciplina.

No será fácil, es cierto, pero podrás llegar lejos, sí y solo sí, entiendes que la disciplina te permitirá encontrar la vida que aspiras hoy.

Para mañana es tarde, comienza desde hoy, traza un plan, no pierdas de vista esos objetivos y comienza a labrar el éxito que quieres y que mereces.

Ten en cuenta que la postergación de las metas y de los logros sólo te llevará al retraso frente a una sociedad que demanda más de los que aspiran a ser exitosos.

La procrastinación es un enemigo letal pues afecta todos los ámbitos de la vida.

La autodisciplina es el camino que te indicará todo, desde quienes serán esos compañeros de los que debes rodearte, así como la posibilidad de establecer una familia en un entorno de tranquilidad, en base al esfuerzo y el sentido común.

Sólo un porcentaje muy pequeño de la población es exitosa. Pero, ¿por qué si todos tenemos capacidades y habilidades que nos pueden llevar al desarrollo de un mejor individuo?

Todo se define en que ese pequeño porcentaje ha sabido utilizar la autodisciplina como el engranaje que hace mover sus ideas, impulsa sus logros, proyecta su vida y le convierte en alguien muy distinto al resto. Es decir, se ha separado del montón. Suena muy despectivo, pero es la realidad de los que desean siempre alcanzar más y más.

Una persona con autodisciplina no lo es hoy y mañana no. Es todo lo contrario. Demuestra constancia y madurez en sus decisiones, y pese que al inicio todo parece muy turbulento, sigue adelante porque su plan se cumple de acuerdo a lo establecido con su equipo de trabajo.

No podemos llegar al éxito si antes no forjamos la disciplina en nuestras vidas. Es importante entender que el mundo gira alrededor de nuevas exigencias, y solo un puñado tiene la visión para lograrlo. Sin embargo, de ese pequeño grupo, solo unos pocos tienen la verdadera intención.

A fin de cuentas, de nada sirve ser muy hábil o inteligente, si el plan no se lleva a la acción. De eso se trata la autodisciplina: de adquirir el poder para concretar tu objetivo.

Me gustaría dar las gracias a todas esas personas que han opinado positivamente todos mis libros anteriores y dejarles un abrazo virtual. Como ya saben, los comentarios positivos, son la savia energética de mi trabajo, cada opinión es mi motor.

Y a ti que estas leyendo, y que seguramente te interesaste en llegar hasta aquí. Me gustaría que dejaras una buena opinión, agradeciéndote con un pequeño regalo.

Si quieres dejar tu opinión y ganarte un cheque regalo Amazon, abre este QR Code a treves de la foto cámara de tu celular o entrando directamente en este enlace:

WWW.FABIANGOLEMAN.COM

Fabián Goleman (@fabiangoleman)

.....Gracias

s

Tengo otros libros que quisiera invitarte a explorar, porque junto con este te permitirán expandir tu mente y tener un conocimiento más integral.

Manipulación Mental, donde te presento las técnicas infalibles para influir en otras personas, y saber también cuándo están aplicándote técnicas de manipulación. De hecho, aprenderás a reprogramar tu mente.

De igual forma puedes leer mi libro **Inteligencia Emocional**, con el que podrás aprender cómo gestionar tus emociones para cumplir tus objetivos y ayudar a otros.

Por no faltar, puedes leer mi libro **Psicología Oscura**. Este libro te ayudará a conocer cuáles son esas técnicas de persuasión que se pueden usar para influir en el carácter y en las decisiones de las personas, así como también te permitirá descubrir patologías, psicopatías y cómo identificarlas.

Ya que estamos aca, y que seguramente te interesaste en leer hasta aquí, me gustaría que dejaras una buena reseña.

Made in United States
Troutdale, OR
05/28/2023